U0129364

法家管理思想

張 廣 福 著

中國古代管理叢書

文史哲出版社印行

國家圖書館出版品預行編目資料

法家管理思想 / 張廣福著 -- 初版 -- 臺北市
：文史哲出版社, 民 111.05
　　　頁；　公分（中國古代管理叢書；2）
　　ISBN 978-986-314-602-5（平裝）

1.法家　2.管理理論　3.企業管理

494　　　　　　　　　　　　111007082

中國古代管理叢書　2

法家管理思想

著　　　者：張　　　廣　　　福
出　版　者：文　史　哲　出　版　社
　　　　　　http://www.lapen.com.tw
　　　　　　e-mail：lapen@ms74.hinet.net
登記證字號：行政院新聞局版臺業字五三三七號
發　行　人：彭　　　正　　　雄
發　行　所：文　史　哲　出　版　社
印　刷　者：文　史　哲　出　版　社
　　　　　　臺北市羅斯福路一段七十二巷四號
　　　　　　郵政劃撥帳號：一六一八○一七五
　　　　　　電話886-2-23511028・傳真886-2-23965656

定價新臺幣三四○元

二○二二年（民一一一）五月初版

　ISBN 978-986-314-602-5　　　12202

序

　　繼《易經的管理思想》之後，再出版——《法家管理思想》，腦中盪漾著當年老二出生時的情景，「二個孩子恰恰好」，而出書可是韓信點兵，多多益善。目前仍著手續寫《先秦儒家管理思想》，希冀明年出版。

　　法家是中國儒、道、墨、法四大家中，管理強度最高的一家。所蘊涵的管理思想也最為豐富。尤其是法家思想的集大成者——韓非，不論在經營理念、管理哲學、經營策略、競爭策略與領導統御思想等各方面，都有著深厚的真知灼見。讀者可於本書中慢慢體會。

　　漢武帝接受董仲舒之建議，「黜罷百家獨尊儒術」之後，法家雖淡出顯學，於儒、釋、道三教各領風騷之際，法家思想已深植人心，成為中華文化底層建構最堅實的一部分。中國人受法家影響最大的是「家教深嚴」、「棒下出孝子」等，儘管歐風東漸，民主、自由的浪潮蜂擁而至，但中國人仍醉心於威權體制，大陸如此，台灣也一樣。何時，法家所強調的終極價值——法治，能夠重新實現，則是每一代中國人責無旁貸之重責大任。

張廣福　謹誌 2022.4.13

2　法家管理思想

法家管理思想

目　次

一、前　言

　　在中國歷史上，春秋、戰國時代是非常特殊的，周王室勢力衰頹，各諸侯國互相傾軋，產生了春秋五霸、戰國七雄。在思想學術界也是百家爭鳴，儒道墨法四家，各領風騷。到了漢朝，漢武帝採董仲舒之議，罷黜百家，獨尊儒術，儒家取得了正統的地位，但是，大家心裡明白，歷代君王都是「外儒內法」。[1] 就是表面上，講的是儒家的那一套，骨子裡，卻是採用法家的主張。由此可見法家對中國的巨大影響。

　　早期法家的代表人物是李悝與吳起。李悝是戰國時代魏國人士，著有《法經》一書，是後來法家的理論基礎，可惜，現已亡佚。

　　李悝可算是中國歷史上主張變法的第一人，李悝輔佐魏文侯進行變法改革，使魏國民富兵強，為後世法家訂定了指導原則。

　　吳起是衛國人，因避禍逃到魏國，後擔任西河守。他在西河進行變法改革，歷經二十多年，獲得非常好的成果。在這段期間，他寫下舉世聞名的《吳子兵法》，吳起也因此書被列為兵

1　孫開泰著，《法家史話》，〈台北：國家出版社，2004 年〉，頁 175。

家之一，有關吳起的管理思想，請參閱黃營杉君撰寫的博士論文：〈我國兵家的管理思想〉。[2]

繼李悝、吳起之後，慎到對法家的理論又有較大的發展。慎到是戰國中期趙國人，曾到齊國稷下學宮，成為一位稷下先生。後來，又離開稷下學宮，到了韓國。

慎到將子夏「勢」的理論加以發展，他用一個現象來說明「勢」：就是黃河的水，流過龍門時，由高而下，它的速度非常的快，就像射出去的竹箭一樣，即使用四匹馬拉的馬車去追它，也追不到。[3]「勢」就是權勢，掌握大權的人，高高在上，就可以宰制那些沒有權勢的人。

慎到著有《慎子》一書，共四十二篇，但多亡佚，現僅存〈威德〉、〈因循〉、〈民雜〉、〈德立〉、〈君人〉、〈知忠〉、〈君臣〉等殘缺不全的七篇。[4]

繼慎到之後，申不害對法家的理論又有較大的發展。申不害本是鄭國人，鄭國被韓國滅亡後，他作為「賤臣」在韓國為官，被韓昭侯賞識，後官至相。在他輔政的十五年當中，韓國的國力快速提升，以致於當時沒有哪個國家敢欺負韓國。

申不害在原有法家理論尚「法」的基礎之上，又提出「術」這一理論。「術」就是「權術」，包涵了君主駕馭群臣之術，也包涵君主管理群臣之術。讓臣下不敢為非作歹，更進而兢兢業業、竭盡所能，為君主辦事，為國家效力。

---

2 黃營杉撰，〈我國兵家之管理思想〉，政大企管所博士論文，郭崑謨博士、高孔廉博士指導，1985 年。

3 孫開泰著，前引書，頁 81。

4 姜國柱著，《中國歷代思想史。先秦卷》，〈台北：文津出版社，1993 年〉，頁 208。

申不害著有《申子》一書，據《漢書‧藝文志》著錄六篇，但早已亡佚，現僅存保留在《群書治要》的〈大體〉篇。[5]

法家最具代表性的人物就是商鞅。商鞅原名公孫鞅，係衛國人，後來到魏國，在魏國大臣公叔痤的門下。當公叔痤病危時，魏惠王前來探視，公叔痤就告訴魏王說，商鞅是個很有才幹的人，一定要好好重用他，如果，不用他的話，就要把他殺掉，以免後患。魏王聽了，只是點點頭，並沒有放在心上。不久，商鞅聽說秦孝公下令求賢，以恢復秦穆公的霸業，於是離開魏國，來到秦國。

商鞅透過秦孝公的寵臣景監引薦，見到了秦孝公，商鞅談論起先王的王道作為，秦孝公不太感興趣，竟然打盹起來了！第二次見面，商鞅還是談「王道」，秦孝公還是沒什麼答腔。第三次見面，商鞅就和秦孝公談起「霸道」，這下子，秦孝公瞪大了眼睛，身體也向前傾，津津有味的聽著，商鞅從白天說到晚上，又一連談了好幾天，秦孝公拍案叫好，於是任命商鞅為「左庶長」，開始進行「商鞅變法」。[6]

商鞅執政二十一年，讓秦國道不拾遺，夜不閉戶，兵強馬壯，奠定了日後秦國統一中國的良好基礎。

商鞅著有《商君書》一書，是研究商鞅思想的依據。商鞅「尚法」，與慎到的「任勢」，申不害的「用術」，構成了法家的鐵三角，而集大成的人物就是韓非。

---

5 姜國柱著，前引書，頁 212。
6 商鞅原著，貝遠辰注譯，《新譯商君書》，〈台北：三民書局，1996 年〉，導讀頁 9。

　　韓非是韓國的王族，曾屢次建議韓王從事改革，但並沒有得到回應，韓非只有著書立說，抒發自己的想法。當秦王政（後來的秦始皇）看到韓非的文章後，大為讚賞，說道：「假如能夠和這位作者見面，跟他做朋友，就死而無憾了！」秦王政身邊有位大臣叫李斯，他就說，這位作者是我的同學，名叫韓非。於是，秦王政就請李斯派人請韓非到秦國來。李斯心想，要叫韓非來秦國，恐怕不容易。於是就派兵攻打韓國，韓國說，秦國怎麼沒事也要打我們，秦軍就說，只要韓國派韓非到秦國來，秦國就退兵。韓王只好派韓非出使秦國。秦王政見到韓非十分高興，就熱情的款待韓非。李斯在一旁醋勁大發，深怕韓非得寵，會影響到自己的地位。於是在秦王政面前說韓非的壞話，秦王政將韓非關進大牢，李斯派人將毒藥拿給韓非，要韓非服毒自盡，當秦王政後悔派人去釋放韓非時，他已服毒身亡了。[7]

　　韓非著有《韓非子》一書，此書堪稱曠世巨作，他闡述法家「尚法」、「任勢」、「用術」三者的理念，並將它運用於治國、領導統御、外交（競爭策略）等各方面，包涵了深厚的哲學、政治、管理等方面的思想，是研究法家思想最重要的著作之一。

　　本書即以上述商鞅、慎到、申不害與韓非四位先生的著作為依據，來探討法家的管理思想。

7　司馬遷原著，王利器等譯注，《史記·列傳一》，〈台北：台灣古籍出版公司，2005 年〉，頁 38-52。

二、管理思想的定義

何謂「管理思想」？黃營杉君在〈我國兵家之管理思想〉博士論文中，對管理思想的定義為：「管理思想係指人類為解決管理問題所發展出來之管理哲學、假設、原則與原理。」[1]本書擬採用另一種較為明確的定義：

管理思想乃是與經營理念、管理哲學、經營策略、競爭策略及各項管理功能有關的假設、理論、原則與方法而能影響管理實務者。

由上述定義看來，管理思想包含了經營理念。什麼是經營理念？我們常聽說台灣的企業經營之神王永慶先生的經營理念，如：「點點滴滴、追根究底。」[2]、「站在顧客的立場」等。在此，對經營理念下一個定義：

經營理念乃是企業主對企業之運作、生存及發展有關的基本理念。

經營者的經營理念會塑造企業的組織文化，也會落實到管理制度，然後，會影響到員工的行為。

若經營的對象為一個國家時，則特將經營理念改稱為：治國理念。例如：商鞅的一個治國理念是：求新求變，不法古，

---

1 黃營杉撰，〈我國兵家之管理思想〉，政大企管研究所博士論文，郭崑謨博士、高孔廉博士指導，1985 年，頁 1。
2 伍忠賢著，《台塑王朝》，〈台北：五南圖書出版公司，2006 年〉，頁 82。

不修今。他強調：「苟可以強國，不法其故；苟可以利民，不循其禮。」[3]

接著，談上述管理思想定義中的第二部分：管理哲學。

什麼是管理哲學？曾仕強老師在《中國管理哲學》書中對管理哲學的定義如下：

管理哲學為實踐哲學之一，係自全體人生經驗上，全部民族文化上，解釋整個管理歷程的意義與價值，批判整個管理活動的理論與實施；綜合各管理科學及其他相關科學的知識，以研究管理上的根本假定、概念及本質，而追求其最高原理之學。[4]

黃營杉君在〈我國兵家之管理思想〉博士論文，也對管理哲學下了一個定義，如下：

管理哲學乃從實務發展而來，對於事實真態所做之認知或觀察，而歸納其處理問題之思考方式與價值體系。[5]

朱建民教授在《儒家的管理哲學》書中，給管理哲學的定義如下：

管理哲學係吾人將哲學的方法或主張應用於管理問題之上的一門學問。[6]

本書擬採用另一種說法：

在哲學思想中，會對管理政策、管理制度與管理方式等管理實務造成影響者，謂之管理哲學，諸如：人性論、價值論等。

---

3 商鞅原著，前引書，頁3。
4 曾仕強著，《中國管理哲學》，〈台北：三民書局，2004年〉，頁28。
5 黃營杉撰，前引論文，頁1。
6 朱建民著，《儒家的管理哲學》，〈台北：漢藝色研文化事業有限公司，1994年〉，頁42。

　　就拿人性論來說，在中國，性善論與性惡論已爭論了兩千多年。基本上，法家比較偏向性惡論，[7] 儒家比較偏向性善論。

　　如果，管理者採性惡論，當然，他會縮小組織的控制幅度，讓各級主管可以嚴密地監督他們的部屬。他也會制定比較嚴格的管理制度、規章來防範員工可能產生的循私舞弊的行為，例如：清朝的山西票號。[8]

　　如果，管理者採性善論，當然，他會放寬組織的控制幅度，也會採用較寬鬆的管理方式，讓員工有較大的自主空間。如松下幸之助的松下企業。[9]

　　接著，再談上述管理思想定義中的第三部分：經營策略。美國學者威廉‧格魯克與羅倫斯‧喬奇（William F.Glueck and Lawrence R.Jauch）對策略的定義為：策略乃用於達成目標之手段。[10]因之，經營策略可定義為：經營策略乃用於達成經營目標之手段。企業常用的經營策略包括：多國化、多角化、垂直整合、水平整合、成本領導、差異化等，甚至目前火紅的藍海策略也是強調差異化的經營策略之一。

　　經營者所採行的經營策略，會受到它本身經營理念的影響。例如：前述王永慶先生的一個經營理念是：「點點滴滴、

7　周世輔著，《中國哲學史》，〈台北：三民書局，2004 年〉，頁 61。

8　黃鑒暉著，《山西票號史》，〈山西：山西經濟出版社，2004 年〉，頁 63。

9　王志剛著，《企業經營之神　松下幸之助傳奇》，〈台北：詠春圖書文化公司，2002 年〉，頁 81，188。

10　黃營杉著，《中國兵家之管理思想》，〈台北：中國經濟企業研究所，1986 年〉，頁 46。

　　追根究底」，在這個經營理念下，就會不斷地致力於合理化，尋求降低成本的方法。成本降低了，就可採行「成本領導」的經營策略。

　　一個企業所採用的經營策略，會影響到它的組織結構。若一個企業準備進入其他行業，即採用「多角化」策略時，它的組織結構將從「功能性」的組織轉變為「事業部」的組織，即成立其他的事業部以執行新的任務。而國內企業通常將這些事業部提升為子公司，形成一個企業集團，如：台塑企業集團。

　　若經營的對象為一個國家時，則特將經營策略改稱為：治國策略。例如：商鞅的一個治國策略為：重農抑商。即獎勵人民從事農耕，並以禁止糧食買賣來抑制商業活動。[11]

　　接著，談上述管理思想定義中的第四部分：競爭策略。什麼是競爭策略？若仿照經營策略的定義，我們也可以為競爭策略下一個定義：競爭策略乃用於達成競爭目標之手段。競爭策略與經營策略有什麼差異呢？若經營目標包括了競爭目標，則經營策略就包含了競爭策略。在此，為何要將競爭策略單獨列出來呢？因為：如此，將可凸顯競爭策略的重要性。雖然，在某些產業中，尤其是寡佔市場，廠商間默契十足，嗅不到彼此競爭的煙硝味，各種聯合行為忽隱忽現，把消費者當肥羊來宰，如：中油與台塑石油。不過，這畢竟是少數的狀況。

　　競爭策略希望能在諸多競爭對手中間，找到生存的空間。例如：在紅海中，正面廝殺，可以打你死我活的價格戰；

---

11 商鞅原著，前引書，頁11。

　　在藍海中，則可找到尚未被滿足的需求，提供與其他廠商截然不同的產品或服務。[12] 讓我們可以從容、自在，讓我們可以怡然、自得。

　　最後，再來談此管理思想定義中的第五部分：管理功能。管理功能又稱為管理程序。費堯是第一位提出管理程序的法國管理實務家，他認為管理者主要在執行：規劃、組織、指揮、協調與控制等五項管理程序。[13] 本書擬由規劃、組織、用人、領導統御、激勵與控制等管理功能來探討法家的管理思想。

　　本來，探討管理思想，依循管理功能的架構即可。因為：規劃的前提之一，就是經營者的經營理念，而經營策略與競爭策略則為規劃的成果。管理哲學則是各項管理功能的基礎。本書將經營理念、管理哲學、經營策略與競爭策略四者抽離出來，個別討論，以彰顯此四者的重要性。

12　金偉燦、莫伯尼合著，黃秀媛譯，《藍海策略》，〈台北：天下遠見出版公司，2005 年〉，頁 15。

13　張志育著，《管理學》，〈台北：前程企管公司，2003 年〉，頁 13。

三、法家的經營理念

法家有兩個基本觀念：一是社會是進化的，二是人類是利己的。由於前者，就主張制度應隨時變更；由於後者，又主張治國需用刑賞。[1]商鞅與韓非可算是典型的法家，而慎到與申不害則受到道家的影響，如：慎到的「道法自然」、申不害的「無為」。

（一）慎到的經營理念

1.授　權

慎到是由道家過渡到法家的人物，他承襲了老子「道法自然」的思想。這種思想反映在經營理念上，就是「授權」。慎到說：「**君臣之道，臣事事而君無事。君逸樂而臣任勞，臣盡智力以善其事，而君無與焉，仰成而已。故事無不治，治之正道然也。**」[2]典型的例子，就是齊桓公。

---

1 薩孟武著，《中國政治思想史》，〈台北：三民書局，2000 年〉，頁 314。
2 《慎子‧民雜》，見慎到原著，劉殿爵、陳方正主編，《先秦兩漢古籍逐字索引叢刊　慎子逐字索引》，〈香港：商務印書館，2000 年〉，頁 3。

　　齊桓公即位後，他的寵臣鮑叔牙推薦管仲，認為管仲是個很有治國能力的人，齊桓公就拜管仲為上卿，並尊稱管仲為「仲父」，賞賜了他很多金銀珠寶，相當於齊國市集三年的稅賦。[3]有了管仲後，齊桓公就把所有的政務都交給他，

　　自己輕輕鬆鬆、快快樂樂的，就坐上了春秋時代中原霸主的寶座，比當時的周朝天子還神氣。

　　時至今日，對企業主來說，也是一樣。有些第一代的企業主本身能力很強，但企業發展到某一個規模以後，就要充分的授權。松下幸之助就是一個很好的例子。

　　一九六二年，經營發生困難的東方電機公司併入松下電器。松下考慮再三，決定派年僅三十五歲的木野親之去東方電機擔任常務董事。木野向松下報告，東方電機每月銷售收入約八千萬日圓，而人事費（工資及管理費用）一月需一千萬日圓，越是虧損，銀行越是不肯貸款。木野向松下表示，我總不能空手去吧！誰知道，松下竟然說，總公司如有餘款支持，怎麼會想到派你去？不管怎樣，你得去了再說，去了絕對能解決問題，這是我的判斷。木野心想，自從進松下電器以來，他一直在總公司從事企劃工作，前不久才做了一段時間的東京營業所所長，如何承擔此重任呢？木野心覺惶恐，後來還是鼓起勇氣去了東方電機。迎接他的，不是什麼公司董事，而是工會幹部。當工會幹部得知木野是空手而來時，非常不高興，噓聲四起。木野很鎮定地告訴大家，他是代表松下先生，松下先生既然敢接下東方電機，就絕不會迴避東方電機的困難，而是抱著更大

3　韓非原著，賴炎元、傅武光注譯，《新譯韓非子》，〈台北：三民書局，2003 年〉，頁 468。

的期望，並表示他是把松下的信譽帶來了。木野得到工會幹部的理解，並且在因合併而退出總裁職位的東方電機顧問的協助下，前往三井銀行申請貸款。銀行方面表示，既然是松下先生的代表來了，無論如何，我們還是應該幫一把。從此，東方電機所提出的事業復興計劃所需的資金，全部都由三井銀行支持，東方電機終於邁出了強健有力的重建、振興步伐。東方電機起死回生，業務不斷擴大，後改為松下電送機器公司，木野親之擔任該公司總裁。松下的這種用人手法可為眾多管理者借鑒，他看準有志有為的年輕人，毅然授權給他。只有這樣，這些年輕人才會自己多下功夫想辦法，盡量發揮自己的才能，而這些人的才幹和管理能力自然也會隨著增長。[4]

2.主張變法

慎到和商鞅、韓非一樣，也主張變法，但他強調：「以道變法」。道家的影子又跑出來了。慎到說：

故治國，無其法則亂；守法而不變則衰；有法而行私，謂之不法。以力役法者，百姓也；以死守法者，有司也；以道變法者，君長也。[5]

前面提到法家的一個基本觀念，認為社會是進化的，所以，主張制度應隨時變更。因此，慎到認為：「守法而不變則衰」，而如何變法呢？就要：「以道變法」。並且，要由君王負起變法的責任。

---

4 王志剛著，《企業經營之神　松下幸之助傳奇》，〈台北：詠春圖書文化公司，2002 年〉，頁 151-155。

5 慎到原著，前引書，頁 6。

　　「道」是道家的中心思想，在《老子》又名《道德經》一書中，有詳細的闡述。相傳《老子》是老子所著，老子姓李名耳字聃，孔子曾問禮於老子。什麼是「道」呢？《老子》開宗明義說：「道可道，非常道；名可名，非常名。」[6]這句話是說：「道」若是可以被解說的，就不是永遠不變的「道」；至於用「道」這個名稱來稱呼它，也並非是永遠不變的名稱。

　　如此，來解釋「道」是什麼？可能更叫人一團霧水。「道」究竟是什麼呢？《老子》第二十五章說：「有物混成，先天地生。寂兮寥兮，獨立而不改，周行而不殆，可以為天下母。吾不知其名，字之曰道，……。」[7]

　　《老子》第四十二章說：「道生一，一生二，二生三，三生萬物。」[8]由這兩段話可知：「道」是宇宙的本源，亦即創生天地萬物的總原理或原動力。

　　如此說來，慎到主張：「以道變法」，當然正確。只是不像李悝、吳起與商鞅有「變法」的實務經驗，不知是否真能「以道變法」？

　　不過，換個角度來說，李悝、商鞅等法家的變法，可算是「以道變法」嗎？從商鞅死後，並未「人亡政息」來看，商鞅變法可算是「以道變法」。

3.崇尚法治

---

6 老子原著，余培林注譯，《新譯老子讀本》，〈台北：三民書局，2004 年〉，頁 1。
7 老子原著，前引書，頁 54。
8 老子原著，前引書，頁 89。

　　法家最基本的理念，就是崇尚法治。較之儒家的崇尚禮治，感覺上是比較差。當然，法治與禮治之爭的基本差異來源是對人性看法的迥異，基本上，法家較偏性惡論，所以，強調法治。儒家較偏性善論，所以，主張禮治。正如性善論與性惡論已爭論了二千多年，禮治與法治之爭，也論戰了二千多年。

　　慎到認為：一切按照法律的規定來走，則不會有人為的偏差。慎到說：「**大君任法而弗躬，則事斷於法矣。法之所加，各以其分蒙其賞罰，而無望於君也，是以怨不生而上下和矣。**」[9]慎到又說：「**為人君者不多聽，據法倚數，以觀得失。無法之言，不聽於耳；無法之勞，不圖於功；無勞之親，不任於官。官不私親，法不遺愛，上下無事，唯法所在。**」[10]慎到又說：「**君人者舍法而以身治，則誅賞予奪從君心出矣。然則受賞者雖當，望多無窮；受罰者雖當，望輕無已。君舍法而以心裁輕重，則同功殊賞，同罪殊罰矣，怨之所由生也。**」[11]

　　慎到也支持：「惡法亦法」，為什麼呢？慎到說：「**法雖不善，猶愈於無法，所以一人心也。**」[12]「一人心」才可讓人民有所依循，但若法「惡」得太超過，可能也會引起民怨，甚至引發革命。

4.兼容並蓄、包容

9　慎到原著，前引書，頁4。
10　慎到原著，前引書，頁4。
11　慎到原著，前引書，頁4。
12　慎到原著，前引書，頁2。

　　慎到認為每個人的能力各有不同，領導者要兼容並蓄，才能成就大業。慎到說：「民雜處而各有所能，所能者不同，此民之情也。大君者，太上也，兼畜下者也。下之所能不同，而皆上之用也。是以大君因民之能為資，盡包而畜之，無能去取焉。是故不設一方，以求於人，故所求者無不足也。大君不擇其下，故足；不擇其下，則易為下矣。易為下則莫不容，莫不容故多下，多下之謂太上。」[13]

　　企業也需要各方面的人才，像松下企業竟然有退休的外相（外交部長）[14]，新力公司（Sony）有音樂家[15]等。

　　兼容並蓄這個經營理念，進一步延伸就成了包容。領導者對部屬的犯錯行為，是要明察秋毫還是要睜隻眼閉隻眼呢？《易經》的〈明夷卦〉是要領導者睜隻眼閉隻眼。

　　〈明夷卦〉的卦形為：「☷☲」，下卦：「☲」為離，上卦：「☷」為坤。離為日，坤為地，日在地之下，象徵黃昏時，夕陽西下，視線逐漸昏暗不明。所以，〈明夷卦〉的詞義為光明殞傷。[16]〈明夷卦〉的象辭說：「明入地中，明夷；君子以莅眾，用晦而明。」[17]

　　君子乃指國君，莅眾為莅臨眾人，乃治理眾人之意。此象辭的意思，就是說：國君治理眾人，要藏其明智，以免過察而

---

13 慎到原著，前引書，頁2。
14 王志剛原著，前引書，頁176。
15 約翰‧納森著，高煥麗譯，《SONY 新力王國》，〈台北：智庫股份有限公司，2001 年〉，頁155。
16 郭建勳注譯，《新譯易經讀本》，〈台北：三民書局，2004 年〉，頁281。
17 郭建勳注譯，前引書，頁282。

傷眾，這正是容物和眾的寬容態度。換句話說，就是要睜一隻眼，閉一隻眼，大人不記小人過。

唐朝碩儒孔穎達也是如此進諫唐太宗，貞觀三年，孔穎達上書唐太宗，說道：

「以〈蒙〉養正，以〈明夷〉莅眾。」[18]

太宗求治心切，往往造成冤獄、濫情。「以〈蒙〉養正」，就是要像給小孩子「啟蒙」教育一樣，要有耐心，逐漸培養正確的行為模式，如有差錯，則要「用晦而明」，也就是要盡量包容。

經營企業，也是一樣，老闆對員工也要多多包容。華特・迪士尼是一個很好的範例。

華特・迪士尼製片廠是由迪士尼兄弟製片廠易名而來的。電影行業不太好做，雖然華特・迪士尼聞名於全世界，但這並非是華特自我表現的結果。

華特認為，公司裡就「華特・迪士尼」這個名字最重要，其他的名字不提它也罷。有一次，一位叫肯・安德生的新人聽他說：「你是我的人就要接受『華特・迪士尼』，如果你要推銷『肯・安德生』，那你還是趁早離開。」

既嚴屬又親切，這是華特對工作人員的態度。一天，肯・安德生把《空權制勝》的劇本大綱彙報給華特・沙維斯基。華特要抽菸，肯・安德生主動為其點火，不想弄巧成拙，火焰不幸把華特的鬍子燒焦了，華特勃然大怒，一蹦三尺高：「你專門想害死我……？」辦公室的同事們都擔心安德生會被開除，志

18　吳兢原著，許道勳注譯，《新譯貞觀政要》，〈台北：三民書局，1995 年〉，頁356。

忐不安的安德生終於在第二天從電話中等來了華特的聲音:「你中午打算幹什麼?」兩個人在製片廠餐廳一起共進午餐,大家看到華特一點怨氣都沒有了。[19]這就是華特,一個表面冷漠,但內心充滿熱情、包容力十足的電影業老闆。

有容乃大,企業主是否能成為企業家,這是第一關,過不了這一關,永遠都成不了企業家。

(二)申不害的經營理念

1.無 為

申不害是法家「用術」派的創始人,「術」乃權術,其理論基礎來自老子的「無為」。

老子說:「天下皆知美之為美,斯惡已。皆知善之為善,斯不善已。故有無相生,難易相成,長短相形,高下相傾,音聲相和,前後相隨。是以聖人處無為之事,行不言之教。萬物作焉而不辭,生而不有,為而不恃,功成而弗居。夫唯弗居,是以不去。」[20]又說:「道常無為而無不為,侯王若能守之,萬物將自化。」[21]

---

19 殷涵著,《易經與管理藝術(下)》,〈台北:正展出版社,2003 年〉,頁 53-54。
20 老子原著,前引書,頁 4。
21 老子原著,前引書,頁 78。

「無為」不是不為，而是依自然而行。申不害說：「古之王者，其所為少，其所因多。因者，君術也；為者，臣道也。為則擾矣，因則靜矣。因冬為寒，因夏為暑，君奚事哉？故曰：君道無知無為，而賢於有知有為，則得之矣。」[22]申不害講「無為」與慎到講「授權」頗有相同之處，都是希望國君能將政務交給賢能的人，與現代企業所有權與經營權分離的理念，不謀而合。在美國幾乎超過百年的大企業都已進入「專業經理人」的時代，在台灣要等到什麼時候呢？再一百年嗎？

2.尚　法

申不害是法家的 A 咖，當然，他也崇尚法治。《申子》書中記載：

韓昭侯謂申子曰：「法度甚不易行也。」申子曰：「法者，見功而與貴，因能而受官。今君設法度聽左右之請，此所以難行也。」昭侯曰：「吾自今以來知行法矣。」[23]

法令訂定頒布後，就要照章行事，不能因君王個人喜怒而更改，否則，法令就形同虛設，沒有人會去遵守它。「王子犯法，與民同罪」，如此，法律才有威嚴。

---

22 《申子‧大體》，見申不害原著，劉殿爵、陳方正主編，《先秦兩漢古籍逐字索引叢刊　申子逐字索引》，〈香港：商務印書館，2000 年〉，頁 2。

23 申不害原著，前引書，頁 1。

3.施行正道

孔子主張施行正道，孔子說：「政者正也，子帥以正，孰敢不正？」[24]。申不害也主張施行正道，申不害說：「明君治國，三寸之箠運而天下定，方寸之基正而天下治。」[25]

此「三寸之箠運」與司馬遷的「運籌策」[26]有異曲同工之妙。運用三寸長的小箱子制定決策就能平定天下；「方寸之基正而天下治」，「方寸」為一寸長寬的小面積，也可解釋為「心」。只要心正，天下就能治理得很好。這種說法，與《大學》「誠意、正心、修身、齊家、治國、平天下」的論述是相同的。很多領導者為了私利，為了黨派的利益，而罔顧整體的利益。「善良管理人」真是難尋啊！

4.富　民

管仲治國，第一要務就是富民。管仲說：「倉廩實，則知禮節；衣食足，則知榮辱；……。」[27]當時，是農業社會，因此，要把握農作時間，要開墾荒地。管仲說：「凡有地牧民者，務在四時，……；地辟舉，則民留處；……。」[28]除了發展農業，管仲也重視工、商業，不像商鞅採用重農抑商的政策。管仲說：「

---

24 謝冰瑩等編譯，《新譯四書讀本》，〈台北：三民書局，2012 年〉，頁 202。

25 申不害原著，前引書，頁 1。

26 司馬遷原著，王利器等譯注，《史記・本紀（下）》，〈台北：台灣古籍出版公司，2005 年〉，頁 590。

27 管仲原著，湯孝純註譯，《新譯管子讀本（上）》，〈台北：三民書局，1995 年〉，頁 4。

28 同上註。

士農工商四民者，國之石民也，……。」[29]管仲還提倡「輕重」學說，此乃現今國安基金進股市護盤之理論基礎。什麼是「輕重」呢？「輕重」就是低買高賣，當穀物豐收時，穀價下跌，政府進場收購，以穩定穀價，當青黃不接時，穀價上漲，政府釋出存糧，以防穀價飆漲。管仲說：「以重射輕，以賤泄平。」[30]如今，國安基金竟然虧損累累，不知到底在玩什麼把戲？管仲地下有知，恐會笑掉大牙。

申不害也和管仲一樣，強調富民，申不害說：「昔七十九代之君，法制不一，號令不同，然而俱王天下，何也？必當國富而粟多也。」[31]國家有錢，百姓富足，國君自然就可穩坐金鑾殿，但若百姓貧困，當政者豈不頭痛。如今，新冠病毒肆虐全球，台灣經濟疲弱，民眾生活困苦，蔡英文總統怎能不上緊發條，拼經濟呢？

5.包　容

申不害也和慎到一樣，強調包容。申不害說：「明君治國而晦，晦而行，行而止。止，故一言正而天下治，一言倚而天下靡。」[32]「明」君治國仍然還是要用「晦」，而不是「明」，是有點讓人糊塗了，到底是「明」君還是「昏」君啊！不過，還是那句話：包容、包容、再包容。

---

29 管仲原著，前引書，頁404。
30 管仲原著，前引書，頁1131。
31 申不害原著，前引書，頁2。
32 申不害原著，前引書，頁3。

（三）商鞅的經營理念

1.求新求變，不法古，不修今

商鞅從魏國來到秦國後，在秦孝公面前，和守舊派的甘龍與杜摯兩位大臣辯論。商鞅主要的論點為：

a. 聖人苟可以強國，不法其故；苟可以利民，不循其禮。[33]

b. 三代不同禮而王，五霸不同法而霸。故知者作法而愚者制焉；賢者更禮，而不肖者拘焉。[34]

c. 前世不同教，何古之法？帝王不相復，何禮之循？伏羲、神農，教而不誅；黃帝、堯、舜，誅而不怒；及至文武，各當時而立法，因事而制禮。禮、法以時而定，制、令各順其宜，兵甲、器備各便其用。[35]

d. 治世不一道，便國不必法古。湯、武之王也，不循古而興；殷、夏之滅也，不易禮而亡。然則反古者未可必非，循禮者未足多是也。[36]

商鞅除了「不法古」之外，也「不修今」。「修」是遵循、拘守的意思，「不修今」，就是不必遵循、拘守目前的作法。他認為：「法古則後於時，修今則塞於勢。」[37]

為了要因應時代變遷的趨勢，所以，不能法古，也不要修今。

---

33 商鞅原著，貝遠辰注譯，《新譯商君書》，〈台北：三民書局，1996年〉，頁3。
34 同上註，頁4。
35 同上註，頁6。
36 同上註。
37 商鞅原著，前引書，頁78。

　　當孟子與荀子吵著到底要法「先王」，還是法「後王」時[38]商鞅在旁邊很酷的說：「誰都不要法！」，拒絕當老二，堅持走自己的路，商鞅可說是「藍海策略」的首創者。

2.強調法治

　　商鞅的第二個經營理念是強調法治，他認為：法治優於禮治（德治）。商鞅說：

　　「古之民樸以厚，今之民巧以偽。故效於古者，先德而治；效於今者，前刑而法。」[39]

　　啊！人心不古啊！現在用德治，沒有用了，只有靠法治，才有效啊！

　　我們回頭看孔老夫子是怎麼說的：

　　「道之以政，齊之以刑，民免而無恥；道之以德，齊之以禮，有恥且格。」[40]

　　看來，孔老夫子好像比較偏好禮治。漢朝碩儒劉向說：

　　「政有三品：王者之政，化之；霸者之政，威之；強者之政，脅之。夫此三者，各有所施，而化之為貴矣！」[41]

　　看起來，儒家還是比較偏好以德化人的王者之政。漢朝另外一位大儒賈誼也作如是觀：

　　「夫禮者禁於將然之前，而法者禁於已然之後，是故法之所用易見，而禮之所為生難知也。然而曰禮云禮云者，貴絕惡

---

38 馬京蘇等著，《中國管理思想》，〈台北：生智文化事業公司，2000年〉，頁436。
39 商鞅原著，前引書，頁79。
40 謝冰瑩等編譯，《新譯四書讀本》，〈台北：三民書局，2008年〉，頁76。
41 馬京蘇等著，前引書，頁45。

於未萌,而起教於微眇,使民日遷善遠罪而不自知也。道之以德教者,德教洽而民氣樂;驅之以法令者,法令極而民風哀。」[42]

然而,「法者禁於已然之後」嗎?看看商鞅怎麼說:

「刑加於罪所終,則奸不去;施賞於民所義,則過不止。刑不能去奸而賞不能止過者,必亂,故王者刑於將過,則大邪不生;賞施於告奸,則細過不失。治民能使大邪不生,細過不失,則國治。」[43]

商鞅主張:刑用於「將過」而不是「已然之後」,可是刑如何用於「將過」呢?如果有人意圖犯罪,如何抓得到他呢?又如何處罰他呢?現行刑法對未遂犯、預備犯與陰謀犯也有處罰的規定,如:預備殺人、預備強盜等。[44]可是,連罪犯都很難抓了,何況是預備犯呢?商鞅採行連坐法,即組織民戶,使五家為伍,十家為什,什伍之內,各家要互相糾察。如果有一家作姦犯法,那麼別家就必須告發,倘若隱瞞不報,便要受連累而被重罰。[45]

所謂:「重刑、連其罪,則民不敢試。」[46]

商鞅認為:「禁姦止過,莫若重刑,刑重而必得,則民不敢試,故國無刑名。」[47]

連坐法,就是罪犯「必得」之法。

---

42 班固原著,《漢書選》,〈台北:新天地書局,1983 年〉,頁 137。
43 商鞅原著,前引書,頁 81。
44 陳韋成編著,《刑法總則》,〈台北:保成文化出版公司,1992 年〉,頁 89。
45 商鞅原著,前引書,導讀頁 10。
46 商鞅原著,前引書,頁 141。
47 同上註。

　　商鞅認為政府要營造出一種環境，讓人民不得不守法。商鞅說：

　　「善治者，使跖可信，而況伯夷乎？不能治者，使伯夷可疑，而況跖乎？勢不能為姦，雖跖可信也；勢得為姦，雖伯夷可疑也。」[48]

　　「重刑、連其罪」，可以形成一種態勢，讓百姓不能為姦。如此，就能「大邪不生，細過不失」了。

3.要求人民怯懦而守法，不要強悍而不守法

　　商鞅的第三個經營理念是要求人民怯懦而守法，不要強悍而不守法，即：「弱民勝於強民」。商鞅認為：「以強去強者弱，以弱去強者強。」[49]即採用使人民強悍而不守法的政策來治理強民，國家就會衰弱；採用使人民怯懦而守法的政策來治理強民，國家就會強盛。商鞅說：「民弱國強，國強民弱。故有道之國，務在弱民。」[50]

　　施政要公平、正義，不要讓人民認為政府不公不義而自立救濟。如此，國家才會強盛起來。

4.強調授權

　　商鞅認為：「國治：斷家，王；斷官，強；斷君，弱。」[51]此句話的意思是：治理國家，由人民在家中根據法令來判斷是非

---

48 商鞅原著，前引書，頁152。
49 商鞅原著，前引書，頁38。
50 商鞅原著，前引書，頁169。
51 商鞅原著，前引書，頁60。

的，可以稱王於天下；由官吏判斷是非的，還可以強盛；由國君來判斷是非的，國家必然衰弱。所以，斷家勝於斷官，斷官勝於斷君。商鞅認為：「重輕刑去，常官則治。省刑要保，賞不可倍也，有姦必告之，則民斷於心。上令而民知所以應，器成於家而行於官，則事斷於家。故王者刑賞斷於民心，器用斷於家。治明則同，治闇則異。同則行，異則止。行則治，止則亂。治則家斷，亂則君斷。治國貴下斷。」[52]

好一個「治國貴下斷」，「授權」在高度極權的封建社會，仍是一個必須做到的動作。因為：

「有道之國，治不聽君，民不從官。」[53]

5.強調行政效率

商鞅非常重視行政效率：「以十里斷者弱，以五里斷者強。」[54]

古代，二十五家為一里，假如，在五里內就能決斷事務，則較之要在十里內才能做決斷者，要來得有效率，就能較強盛。因之：五里斷勝於十里斷。

商鞅認為：「家斷則有餘，故曰日治者王；官斷則不足，故曰夜治者強；君斷則亂，故曰宿治者削。」[55]

所以：日治勝於夜治，夜治勝於宿治。

商鞅除了講究行政效率外，也注重防止弊端。商鞅說：

---

52 商鞅原著，前引書，頁60。
53 同上註。
54 同上註。
55 同上註。

「無宿治，則邪官不及為私利於民。」[56]我們常說：「夜長夢多」，宿治，就會增加循私舞弊的風險。

6.崇尚勤儉，去奢華

商鞅說：「國富而貧治，曰重富，重富者強；國貧而富治，曰重貧，重貧者弱。」[57]這句話的意思是：富裕的國家當窮國來治理，這就叫做富上加富，富上加富，國家就會強盛；貧窮的國家當富國來治理，這就叫做窮上加窮，窮上加窮，國家就會削弱。我們常說：「勤儉持家」，治家、治國，道理都是一樣的。

（四）韓非的經營理念

韓非乃法家集大成者，他綜合了慎到的「任勢」、申不害的「用術」與商鞅的「尚法」。因此，他的經營理念，也承襲了他們三位的經營理念。韓非的經營理念，如下：

1.求新求變，不法古，不修今

這個經營理念來自商鞅。韓非主要的論點如下：

　　a.古人亟於德，中世逐於智，當今爭於力。[58]

　　b.聖人不期循古，不法常行，論世之事，因為之備。今

---

56 商鞅原著，前引書，頁8。
57 商鞅原著，前引書，頁38。
58 韓非原著，前引書，頁42。

欲以先王之政，治當世之民，皆守株之類也。[59]

c.文王行仁義而王天下，偃王行仁義而喪其國，是仁義用
於古，而不用於今也。[60]

d.時移而法不易者亂，世變而禁不變者削。故聖人之治
民也，法與時移，而禁與世變。[61]

論點 c.有以偏概全之嫌，其他則明顯的來自商鞅。

2.勵行法治

韓非主要的論點有：

a.國無常強，無常弱。奉法者強，則國強；奉法者弱，則
國弱。[62]

b.故當今之時，能去私曲，就公法者，民安而國治；能
去私行，行公法者，則兵強而敵弱。[63]

c.故明主使其群臣不遊意於法之外，不為惠於法之內，動
無非法。峻法，所以禁過外私也，嚴刑，所以遂令懲
下也。[64]

d.故以法治國，舉措而已矣。法不阿貴，繩不撓曲。法
之所加，智者弗能辭，勇者弗敢爭。刑過不避大臣，
賞善不遺匹夫。故矯上之失，詰下之邪，治亂決繆，

---

59 韓非原著，前引書，頁47。
60 韓非原著，前引書，頁713。
61 韓非原著，前引書，頁767。
62 韓非原著，前引書，頁39。
63 韓非原著，前引書，頁42。
64 韓非原著，前引書，頁47。

絀羨齊非，一民之軌，莫如法。屬官威民，退淫殆，
止詐偽，莫如刑。[65]

e.家有常業，雖饑不餓；國有常法，雖危不亡。[66]

f.釋規而任巧，釋法而任智，惑亂之道也。[67]

g.釋法術而任心治，堯不能正一國。去規矩而妄意度，
奚仲不能成一輪。廢尺寸而差長短，王爾不能半中。
使中主守法術，拙匠執規矩尺寸，則萬不失矣。[68]

h.法者，所以敬宗廟、尊社稷；故能立法從令，尊敬社
稷者，社稷之臣也，焉可誅也？夫犯法廢令，不尊敬
社稷者，是臣乘君，下尚校也。臣乘君，則主失威；
下尚校，則上位危。[69]

i.秦大饑，應侯請曰：「五苑之草蔬菜橡棗栗足以活民，
請發之。」昭襄王曰：「吾秦法，使民有功而受賞，有
罪而受誅。今發五苑之蔬果者，使民有功與無功俱賞
也。夫使民有功與無功俱賞者，此亂之道也。夫發五
苑而亂，不如棄棗蔬而治。」[70]

j.椎鍛者，所以平不夷也，榜檠者，所以矯不直也。聖人
之為法，所以平不夷、矯不直也。[71]

k.發困倉而賜貧窮者，是賞無功也；論囹圄而出薄罪者，

---

65 韓非原著，前引書，頁48。
66 韓非原著，前引書，頁171。
67 韓非原著，前引書，頁172。
68 韓非原著，前引書，頁297。
69 韓非原著，前引書，頁503。
70 韓非原著，前引書，頁525。
71 韓非原著，前引書，頁537。

是不誅過也。夫賞無功，則民偷幸而望於上；不誅過，則民不懲而易為非，此亂之本也，……。[72]

l.夫立法令者，所以廢私也；法令行，而私道廢矣。私者，所以亂法也。[73]

m.故明主之道，一法而不求智，固術而不慕信，故法不敗，而群官無姦詐矣。[74]

以上論點，比較有爭議的有 i 與 k，遇到饑荒，不開倉賑災，似乎說不過去。前總統馬英九主政時，景氣不佳，政府發放消費券，每人三千六百元，難道錯了嗎？前幾年，監所人滿為患，也是讓輕罪者提早假釋出獄，難道也錯了嗎？

3.法治勝於德治

韓非和商鞅一樣，也認為德治不如法治。其論點如下：

a.仁義愛惠之不足用，而嚴刑重罰之可以治國也。[75]

b.夫慈者不忍，而惠者好與也。不忍，則不誅有過；好予，則不待有功而賞。有過不罪，無功受賞，雖亡不亦可乎？[76]

c.夫稱上古之傳頌，辯而不愨，道先王仁義，而不能正國者，此亦可以戲，而不可以為治也。夫慕仁義而弱亂者，三晉也；不慕仁義而治強者，秦也。[77]

---

72 韓非原著，前引書，頁 567。
73 韓非原著，前引書，頁 663。
74 韓非原著，前引書，頁 723。
75 韓非原著，前引書，頁 133。
76 韓非原著，前引書，頁 333。
77 韓非原著，前引書，頁 414。

d.故明主之治國也，眾其守而重其罪，使民以法禁，而不以廉止。[78]

e.故明主之治國也，適其時事以致財物，論其稅賦以均貧富，厚其爵祿以盡賢能，重其刑罰以禁姦邪，使民以力得富，以事致貴，以過受罪，以功致賞，而不念慈惠之賜，此帝王之政也。[79]

f.威勢之可以禁暴，而德厚之不足以止亂也。夫聖人之治國，不恃人之為吾善也，而用其不得為非也。恃人之為吾善也，境內不什數；用人不得為非，一國可使齊。為治者用眾而舍寡，故不務德而務法。[80]

g.故善毛嬙、西施之美，無益吾面；用脂澤粉黛，則倍其初。言先王之仁義，無益於治；明吾法度，必吾賞罰者，亦國之脂澤粉黛也。故明主急其功而緩其頌，故不道仁義。[81]

　　從上述七點，可以看出：

　　韓非較之商鞅更強烈的反對傳統儒家推行「仁政」與「德政」的主張。秦始皇施行「焚書坑儒」等暴政，不知是否受了韓非的影響？

4.賞功罰過

---

78 韓非原著，前引書，頁 668。
79 韓非原著，前引書，頁 671。
80 韓非原著，前引書，頁 743。
81 韓非原著，前引書，頁 745。

　　韓非主張賞罰分明，有功則賞，有過則罰，不得隨性妄為。韓非主要的論點如下：

　　　a.凡人臣者，有罪固不欲誅，無功者皆欲尊顯。而聖人之治國也，賞不加於無功，而誅必行於有罪者也。[82]

　　　b.國有無功得賞者，則民外不務當敵斬首，內不急力田疾作，皆欲行貨財，事富貴，為私善，立名譽，以取尊官厚俸。[83]

　　　c.故至治之國，有賞罰而無喜怒。[84]

　　　d.韓昭侯使人藏弊袴，侍者曰：「君亦不仁矣。弊袴不以賜左右而藏之。」昭侯曰：「非子之所知也。吾聞之，明主愛一顰一笑，顰有為顰，而笑有為笑。今夫袴，豈特顰笑哉！袴之與顰笑，相去遠矣，吾必待有功者，故藏之未有予也。」[85]

　　韓昭侯受申不害的調教，深諳「用術」之道，即使是條破褲子，也要盡量發揮它的最大功效，賞給立有大功的人。

5.無信不立

　　韓非子非常注重「誠信」，《韓非子》書中講了幾個與「誠信」有關的小故事，告訴我們「誠信」的重要性：

　　　a.攻原得衛

　　　晉文公攻原，裹十日糧，遂與大夫期十日。至原十日，

82　韓非原著，前引書，頁131。
83　韓非原著，前引書，頁133。
84　韓非原著，前引書，頁302。
85　韓非原著，前引書，頁340。

而原不下，擊金而退，罷兵而去。士有從原中出者，曰：
「原三日即下矣。」群臣左右諫曰：「夫原之食絕力盡矣，
君姑待之。」公曰：「吾與士期十日，不去，是亡吾信也。
得原失信，吾不為也。」遂罷兵而去。原人聞，曰：「有
君如彼其信也，可無歸乎？」乃降公。衛人聞，曰：「有
君如彼其信也，可無從乎！」乃降公。孔子聞而記之曰：
「攻原得衛者，信也。」[86]

b.東方威爾遜

小時候國文課本有講到英國海軍上將威爾遜的故事：有一
天早上下著大雪，威爾遜的哥哥說：「雪那麼大，還是不要去上
學了！」威爾遜說：「雖然雪很大，可是還是要上學。」後來，
威爾遜成為英國的海軍上將。此故事可呼應到魏文侯：

魏文侯與虞人期獵，是日會天疾風，左右止，文侯不聽，
曰：「不可。以風疾之故而失信，吾不為也。」遂自驅車往，犯
風而會虞人。[87]

既然與人有約，則不論任何狀況，都要守信赴約，才不至
失信於人。

c.曾參殺豬

曾參沒有殺人，曾參只殺過豬：

曾子之妻之市，其子隨之而泣，其母曰：「汝還，顧返，為
汝殺彘。」妻道市來，曾子欲捕彘殺之，妻止之曰：「特與嬰兒
戲耳。」曾子曰：「嬰兒非與戲也。嬰兒非有智也，待父母而學

---

86 韓非原著，前引書，頁438。
87 韓非原著，前引書，頁440。

者也，聽父母之教。今子欺之，是教子欺也。母欺子，子而不信其母，非所以成教也。」遂烹彘也。[88]

　　言教不如身教，做父母的，要注意自己的行為，不要做錯誤示範。治理國家、經營企業也都是一樣，「君無戲言」，企業主也適用。

6.深根固柢[89]

　　韓非在《韓非子》書中有一篇是〈解老〉，就是專門解釋《老子》書中的文義。「深根固柢」是《老子》第五十九章〈治人事天莫若嗇〉中的一句話。《老子》第五十九章〈治人事天莫若嗇〉的原文是：

　　治人，事天，莫若嗇。夫唯嗇，是以早服；早服謂之重積德；重積德則無不克；無不克則莫知其極；莫知其極，可以有國；有國之母，可以長久。是謂深根固柢，長生久視之道。[90]

　　治理國家，當然希望可以長治久安，如何可以長治久安呢？就像大樹一樣，若深根固柢，就不怕強風來襲，就可以屹立不搖了！什麼是「長生久視之道」呢？

　　周公採用「分封」的制度，將宗室分封到各地為諸侯，成為周王室的屏障，建立了周朝八百年的基業。這是一種「深根固柢」的好方法。

　　日本八百半蔬果供應店的和田一夫則採用「多國化」的策

88　韓非原著，前引書，頁440。
89　韓非原著，前引書，頁189。
90　老子原著，余培林注譯，《新譯老子讀本》，〈台北：三民書局，2004年〉，頁120。

略，到巴西、新加坡等國家開設分店，以免陷入國際性大型連鎖店的圍剿。這個策略果然奏效，八百半的海外分公司擴展到十二家，員工多達六千人，年營業額高達兩億五千萬美元，單單靠國外這些雄厚的資本，八百半就可穩固地生存下去。[91]

不過，老子提醒我們，欲深根固柢，長生久視，最基本的還是要「嗇」，也就是「儉約」。唯有儉約才能厚積德；厚積德，就可以克服任何困難；如此，就能稱王於天下；而秉有治國的根本之道，就可以長治久安。這就是深根固柢，長治久安之道。

7. 因　情

韓非認為：「凡治天下，必因人情。」[92]這種思想，是申不害「無為」思想的進一步發展。前面介紹申不害的經營理念時，曾說明申不害的「無為」思想來自老子，申不害說：「古之王者，其所為少，其所因多。因者，君術也；為者，臣道也。為則擾矣，因則靜矣。因冬為寒，因夏為暑，君奚事哉？」[93]申不害認為：古之王者，其所為少，其所因多。申不害講的是天時、季節方面的事，韓非則進一步演繹到人性方面。韓非認為：「人情有好惡，故賞罰可用；賞罰可用，則禁令可立，而治道具矣。」[94]這是標準的「紅蘿蔔與棍子」的管理思想。當然，老子是非常反對的，老子認為：「民不畏死，奈何以死懼之？」[95]在現代管理的激勵理論，也認為人不像動物那麼單純，如：期望理論、

---

91 殷涵著，《易經與管理藝術（下）》，〈台北：正展出版社，2003 年〉，頁 239。
92 韓非原著，前引書，頁 688。
93 申不害原著，前引書，頁 2。
94 韓非原著，前引書，頁 688。
95 老子原著，前引書，頁 148。

雙因子理論更切合人性。而人情除了有好惡之外,如:飢則食、寒則衣,為所當為,安然自在,順其自然,不矯情、不做作。這些都是「無為而無不為」的寫照。

8.任　勢

「任勢」是慎到的主張,韓非承接了這個主張。慎到認為:「騰蛇遊霧,飛龍乘雲;雲罷霧霽,與蚯蚓同;則失其所乘也。故賢而屈於不肖者,權輕也;不肖而服於賢者,位尊也。堯為匹夫,不能使其鄰家;至南面而王,則令行禁止。由此觀之,賢不足以服不肖,而勢位足以屈賢矣。」[96]

慎到談「勢」重在領導統御,韓非則進一步引申到治國。韓非說:「凡明主之治國也,任其勢。勢不可害,則雖強天下,無奈何也,而況孟嘗、芒卯、韓、魏能奈我何!其勢可害也,則不肖如如耳、魏齊及韓魏,猶能害之。」[97]

而領導統御與治國其實還不是一體之兩面?

綜觀法家的經營理念,如商鞅的「求新求變」、申不害的「無為」、慎到的「授權」、韓非的「因情」,可說是非常具有開創性,商鞅執政二十一年,申不害也有十五年的時間,均獲得相當好的政績,法家的經營理念奠定了厚實的基礎。無怪後世帝王雖獨尊儒術,但其實都是「外儒內法」,即表面上講的是儒家的仁義道德,骨子裡卻用法家的那一套,尤其是在搞鬥爭的時候,更是絕不手軟。

---

96 慎到原著,前引書,頁1。
97 韓非原著,前引書,頁599。

四、法家的管理哲學

法家的管理哲學可從人性論與價值論兩方面來探討：

（一）法家的人性論

1.人性論的文獻檢討

大家耳熟能詳的《三字經》記載：「人之初，性本善，性相近，習相遠，苟不教，性乃遷。……」人性本善乎？在中國歷史上，有關人性論的主張，可分為四派：性善論、性惡論、性無善惡論與性有善有惡論。

（1）孟子的性善論

性善論是孟子的主張，他認為：人有惻隱之心、羞惡之心、辭讓之心與是非之心。而「惻隱之心，仁之端也；羞惡之心，義之端也；辭讓之心，禮之端也；是非之心，智之端也。人之有是四端也，猶其有四體也；有是四端而自謂不能者，自賊者也。」[1]人既具有四端，就是具有天生的道德，是以他提倡性善論。

---

1 周世輔著，《中國哲學史》，〈台北：三民書局，2004 年〉，頁39

（2）荀子的性惡論

荀子是主張性惡論的代表人物，他說：「人之性惡，其善者偽也。今人之性，生而有好利焉，順是故爭奪生，而辭讓亡焉！生而有疾惡焉，順是故殘賊生，而忠信亡焉！生而有耳目之欲，有好聲色焉！順是故淫亂生，而禮義文理亡焉！然則從人之性，順人之情，必出於爭奪，合於犯分亂理，而歸於暴。故必將有師法之化，禮義之道，然後出於辭讓，合於文理，而歸於治。用此觀之，然則人之性惡明矣，其善者偽也，故枸木必將待櫽栝烝矯然後直，鈍金必將待礱厲然後利。今人之性惡，必將待師法然後正，得禮義然後治。」[2]因此，荀子主張性惡論。

（3）告子的性無善惡論

《孟子·告子上》記載孟子與告子辯論人性的善惡時，孟子主張性善論，告子則主張性無善惡論。

什麼是人性？告子提出：「生之謂性」、「食色、性也」的思想，即先天生來的本能、慾望為性，後天學習養成的習性為非性，因為「食色」是人人生來都具有的本能，所以為「性」。為善必須教導累積，為惡亦須誘發培養，所以不為「性」。據此，告子提出了性無善惡的人性論。

告子認為：性無善惡，人們生來的本性，既不是善，也不是惡，善與惡是後天經過環境教育而形成的。他說：「性無善無不善也。」善與惡都不是性，而是後天教育培養使性的改變，由於這種改變或表現為善或表現為惡。[3]

2　周世輔著，前引書，頁61。

3　姜國柱著，《中國歷代思想史（壹）先秦卷》，〈台北：文津出版社，1993年〉，頁243。

這是告子的性無善惡論。

（4）世碩的性有善有惡論

王充《論衡・本性》載：「周人世碩以為人性有善有惡。舉人之善性養而致之，則善長；惡性，養而致之，則惡長。如此，則性情各有陰陽（惡善），善惡在所養焉。」[4]

世碩為孔子弟子，他主張性有善有惡論。

2.法家對人性的看法

基本上，法家比較偏向性惡論。慎到認為人心不古，人性丕變。慎到說：「斬人肢體，鑿其肌膚，謂之刑；畫衣冠，異章服，謂之戮。上世用戮而民不犯也；當世用刑而民不從。」[5]商鞅也有相同的看法，商鞅說：「古之民樸以厚，今之民巧以偽。」[6]因此，可以推論慎到與商鞅均主張性惡論。哈！哈！原來，到了戰國時代，就已經是「人心不古」了！慎到也提倡「人性自利論」，慎到說：「天道因則大，化則細。因也者，因人之情也。人莫不自為也，化而使之為我，則莫可得而用矣。」[7]「人莫不自為也」，人都是為了自己，自私自利，正是「人不為己，天誅地滅。」韓非承襲了慎到這種思想，也提倡「人性自利論」，韓非主要的論點如下：

a. 好利惡害，夫人之所有也。……；喜利畏罪，人莫不然。[8]

4 周世輔著，《中國哲學史》，〈台北：三民書局，2004 年〉，頁 193。
5 慎到原著，前引書，頁 5。
6 商鞅原著，前引書，頁 79。
7 慎到原著，前引書，頁 2。
8 韓非原著，前引書，頁 580。

b. 父母之於子也，產男則相賀，產女則殺之，此俱出父母之懷衽，然男子受賀，女子殺之者，慮其後便，計其長利也。[9]

c. 人無羽毛，不衣則不犯寒。上不屬天，而下不著地，以腸胃為根本，不食則不能活。是以不免於欲利之心。[10]

d. 夫國治則民安，事亂則邦危。法重者得人情，禁輕者失事實。且夫死力者，民之所有者也，情莫不出其死力以致其所欲；而好惡者，上之所制也。民者好利祿而惡刑罰，上掌好惡以御民力，事實不宜失矣。[11]

e. 故王良愛馬，越王勾踐愛人，為戰與馳。醫善吮人之傷，含人之血，非骨肉之親也，利所加也。輿人成輿，則欲人之富貴；匠人成棺，則欲人之夭死也；非輿人仁，而匠人賊也；人不貴，則輿不售；人不死，則棺不買；情非憎人也，利在人之死也。[12]

f. 凡人之生也，財用足則墮於用力，上治懦則肆於為非。[13]

g. 故饑歲之春，幼弟不饟；穰歲之秋，疏客必食。非疏骨肉，愛過客也，多少之實異也。[14]

h. 夫買傭而播耕者，主人費家而美食。調錢布而求易者，非愛傭客也，曰：如是，耕者且深，耨者且熟云也。傭

---

9 同前註，頁668。
10 同前註，頁195。
11 同前註，頁769。
12 同前註，頁153。
13 同前註，頁670。
14 韓非原著，前引書，頁711。

客致力而疾耘耕，盡功而正畦陌者，非愛人主也，曰：
如是，羹且美，錢布且易云也。[15]

i. 古者黔首悗密蠢愚，故可以虛名取也。今民儇詗智慧，
欲自用，不聽上。　上必且勸之以賞，然後可進；又且畏
之以罰，然後不敢退。[16]

j. 夫民之性，惡勞而樂佚，佚則荒，荒則不治，不治則亂，
而賞刑不行於下者必塞。[17]

　　由上述韓非有關「人性自利論」的十個觀點看來，韓非對
人性的看法，基本上，也是偏向性惡論。如論點 b 的：「殺女嬰」、
論點 e 的：「匠人成棺，則欲人之夭死」、論點 f 的：「上治懦則
肆於為非」、論點 g 的：「饑歲之春，幼弟不饟」以及論點 i 的：
「今民儇詗智慧，欲自用，不聽上」均指出人性是惡的。因此，
可以推論韓非也是偏向性惡論的。　至於申不害的人性論，也
可以推認為主張性惡論。因為申子有關「用術」的理論背景，
就是認為人性本惡，所以，才要用「術」來對付他人。例如：

　　申子曰：「上明，見人備之；其不明，見人惑之。其知，見
人飾之；其不知，見人匿之。其無欲，見人伺之；其有欲，見
人餌之。故曰：吾無從知之，惟無為可以規之。」[18]

　　國君真是難為，「明」不是，「不明」也不是；「智」不是，
「不智」也不是；「無欲」不是，「有欲」更不是。反正，就是
要把自己「藏」起來，不要讓部屬摸清你的底細，才不會受騙

---

15 同前註，頁 415。
16 同前註，頁 755。
17 同前註，頁 766。
18 申不害原著，前引書，頁 1。

上當，如何「藏」呢？就是「無為」，像楚莊王一樣來個「三年不鳴」加上「三年不飛」，這才是「用術」的最高境界啊！

綜上所論，可以總結說：法家的四位代表人物：慎到、申不害、商鞅與韓非均偏向性惡論。

（二）法家的價值論

1.價值論的文獻檢討

法國大革命時，流行的一首詩，云：

生命誠可貴，愛情價更高，

若為自由故，兩者皆可拋。

自由比起生命、愛情，更值得追求，更值得擁有。

什麼是價值？希臘哲學家亞里斯多德說：「凡是可欲的皆是值得追求的，凡是值得追求的皆是有價值的。」[19]

一般人求名、求利，名、利是有價值的。一般說來，價值有三種特性：[20]

(1)層級性

所謂層級性是指在價值的比較過程中具有的價值，或者我們可以說甲價值比乙價值具有更高的層級性，更高的位階。這種層級性在相似層級性的範疇內，它才可能作比較；在不同的範疇內，它是比較不容易去作比較的。

---

19 鄔昆如主編，《哲學概論》，〈台北：五南圖書出版公司，2004 年〉，頁 368。
20 同上註，頁 369。

　　像上述法國大革命流行的那首詩的說法，有些人可能就不以為然，他可能會認為生命比自由重要，「好死不如賴活」。

　　在現代的社會裡面來看，因為現在的社會是一種多元化的社會，我們不太可能以唯一的價值作為唯一的層級性。所以，不同的價值領域裡，在我們追求的過程裡面，如果都有比較高的層級性，這樣的人生就是一個比較幸福的人生。

(2)超越性

　　所謂的超越性，我們可以簡單的說，從時間的觀念中，它都是有效的。

　　從時間的意義上來說，一個價值它能夠在每一個不同的時代，都能夠顯示出它仍然是有價值的時候，就是表示這個價值是值得我們去追求的。

(3)普遍性

　　普遍性從一個比較簡單的觀點來看，乃是指明在一個空間的有效性，所謂的空間就是指明這一個價值在此地有效，而在他地仍然有效，這個我們稱之為普遍性。

　　史普蘭格（Spranger）將價值分為六種：經濟、理論、社會、政治、藝術與宗教價值。[21]此六種價值均具有上述三種特性，即層級性、超越性與普遍性。

2.法家對價值的看法

　　一般人都追求利益，即史普蘭格所謂的經濟價值。在《孟子》書中記載：[22]

21　戴佑政撰，〈我國企業經營者個人價值觀之再探討研究〉，大同工學院事業經營研究所碩士論文，潘明全博士指導，頁 14。

22　《孟子‧梁惠王篇》，《四書今註今譯（孟子今註今譯）》，〈台北：台灣商務印書館，1984 年〉，頁 1

孟子去拜訪梁惠王，梁惠王說：「叟，不遠千里而來，亦將有以利吾國乎？」您大老遠跑來我國，有什麼可以對我國有利的呢？

梁惠王道出了大家的心聲，以現代的說法就是：「牛肉在哪裡？」，沒想到，孟子竟然回答說：「王，何必曰利，亦有仁義而已矣！」就是說：「國王啊！您何必談利呢？我們來談仁義吧！」

為什麼不要談「利」呢？因為假如「上下交征利」，那麼國家就完蛋了！所以，不要談「利」。

在戰國時代，政局紛擾，梁惠王應該和秦孝公一樣，希望有所作為，能夠為國興利，沒想到被孟子當頭棒喝，不跟他談「利」！

「利」、「義」之辯，沒有結果，孟子贏了面子，輸了裡子，梁惠王懶得理他，孟子只好摸摸鼻子，悄悄地離開了。

傳統儒家講究仁義道德，如：孔子的中心思想是「仁」，孟子強調「仁義」，荀子則重視「禮」。法家可是大大的不同，法家不講仁義道德，法家只講「法」。商鞅說：「聖王者不貴義而貴法，法必明，令必行，則已矣。」[23]

「法」是人類社會各項行為的最低標準與要求，也是法家所主張的最高價值。「法」可以超越封建社會的貴族特權，貴族特權是史普蘭格所謂的政治價值。「王子犯法，與庶民同罪」，打破了傳統「刑不上大夫」的習俗。商鞅說：「刑無等級。自卿相、將軍以至大夫、庶人，有不從王令、犯國禁、亂上制者，

---

23 商鞅原著，前引書，頁 158。

罪死不赦。」[24]「法」提升到與「王權」相當的層次。當然，到了民主社會，總統犯法，也是要受到法律制裁的。

韓非也認為「法」的價值高於「仁」的價值。韓非說：「且夫以法行刑，而君為之流涕，此以效仁，非以為治也。夫垂泣不欲刑者，仁也；然而不可不刑者，法也。先王勝其法，不聽其泣，則仁之不可以為治，亦明矣。」[25]

韓非也認為：「法」的價值超過「生命」的價值。

當國家鬧饑荒時，要不要開倉賑災？若法無開倉賑災的規定，則寧可讓災民餓死，也不可犯法。且看韓非怎麼說的：

秦大饑，應侯請曰：「五苑之草蔬菜橡棗栗足以活民，請發之。」昭襄王曰：「吾秦法，使民有功而受賞，有罪而受誅。今發五苑之蔬菓者，使民有功與無功俱賞也。夫使民有功與無功俱賞者，此亂之道也。夫發五苑而亂，不如棄棗蔬而治。」一曰：「今發五苑之蓏蔬棗栗足以活民，是使民有功與無功爭取也。夫生而亂，不如死而治，大夫其釋之。」[26]

秦昭襄王也有夠麻木不仁，寧可讓災民餓死，也不願違法開倉賑災。韓非舉這個例子，說明「法」的價值，超過「生命」的價值，這個說法呼應了商鞅「不貴義而貴法」的主張。

因此，除了《慎子》與《申子》無相關之論述外，可以總結：法家的商鞅與韓非均主張「法」的價值超過「仁義」、「生命」、「貴族的特權」等的價值，值得我們去遵守並捍衛它。

---

24 商鞅原著，前引書，頁 141。
25 韓非原著，前引書，頁 715。
26 同前註，頁 525

五、法家的經營策略（治國策略）

　　就現存《慎子》與《申子》之記載中，未能發現與經營策略有關之論述，只好略過不表。現僅就商鞅與韓非兩位的經營策略，做一探討。

（一）商鞅的經營策略（治國策略）

　　商鞅有兩個主要的治國策略，一是重農戰抑工商游學，其二是重刑重賞。

1.重農戰抑工商游學

　　為了達到富國強兵、稱霸諸侯的長遠目的，商鞅在推行法治的過程中，始終把「農、戰」二字作為國家的基本綱領。一方面以重農政策來發展國家的經濟，另一方面，又以重戰政策來加強國家的軍事力量。[1]商鞅說：

> 國之所以興者，農戰也。……國待農戰而安，主待農戰而尊。[2]

---

1 商鞅原著，前引書，導讀頁 16。
2 商鞅原著，前引書，頁 23。

聖人知治國之要，故令民歸心於農。歸心於農，則民樸而可正也。紛紛則易使也，信可以守戰也。[3]

聖人之為國也，入令民以屬農，出令民以計戰。……，利出於地，則民盡力；名出於戰，則民致死。入使民盡力，則草不荒；出使民致死，則勝敵。勝敵而草不荒，富強之功可坐而致也。[4]

商鞅這種「兵農合一」的政策，後來，也做了修正，就是以秦民當兵，另招徠三晉之民從事農耕。

商鞅說：

今以草茅之地，徠三晉之民，而使之事本。以故秦事敵，而使新民作本，兵雖百宿於外，竟內不失須臾之時，此富強兩成之效也。[5]

商鞅實行重農的政策，也推動各項抑制工、商業、游學者的措施。諸如：

(1)抑制商人，不准商人買進糧食。

商鞅不准商人買進糧食，商鞅主張：

使商無得糴，農無得糶。[6]

為何不准商人買進糧食呢？因為怕商人囤積居奇，到了荒年，大發利市。

如此，就可以逼這些商人棄商務農。

商鞅說：

---

3 商鞅原著，前引書，頁33。
4 同前註，頁67。
5 同前註。
6 同前註，頁11。

商無得糶，則多歲不加樂。多歲不加樂，則饑歲無裕利。無裕利則商怯，商怯則欲農。[7]

當然，從現代的觀點看來，是蠻可笑的。農民不賣自己生產的稻穀給別人，如何有錢去購買自己所需的其他物品？難道還是要以物易物？

(2)加重關市的稅賦

商鞅主張加重關市的稅賦，商鞅說：

重關市之賦，則農惡商，商有疑惰之心。農惡商 ，商疑惰，則草必墾矣。[8]

商鞅認為加重關市的稅賦，則農民就不願棄農從商，商人也會思量是否還要繼續從事商務。如此，就可抑制商業活動。

(3)禁止官員與博聞、辯慧之士發表會污染農民的言論

商鞅說：

國之大臣、諸大夫，博聞、辯慧、游居之士皆無得為，無得居游於百縣，則農民無所聞變、見方。農民無所聞變、見方，則知農無從離其故事，而愚農不知，不好學問。愚農不知，不好學問，則務疾農；知農不離其故事，則草必墾矣。[9]

商鞅認為國家的官員、游學之士不要去影響農民，讓農民可以安心務農。這種作法，有「愚民政策」的味道。

(4)反五民

商鞅認為有五種人若受到國君的寵幸，則國家將田荒而兵弱。

---

7 商鞅原著，前引書，頁11。
8 商鞅原著，前引書，頁20。
9 同前註，頁17。

商鞅說：

夫治國舍勢而任說說，則身修而功寡。故事《詩》、《書》談說之士，則民游而輕其君；事處士，則民遠而非其上；事勇士，則民競而輕其禁；技藝之士用，則民剽而易徙；商賈之士佚且利，則民緣而議其上。故五民加於國用，則田荒而兵弱。[10]

在這五種人中，包括了游學、技藝與工商等人士，為了要讓國家富強，就要反對他們到底。

(5)去十者

商鞅認為有十種東西會影響到國家的治亂與強弱。

商鞅說：

《詩》、《書》、禮、樂、善、修、仁、廉、辯、慧，國有十者，上無使守戰。國以十者治，敵至必削，不至必貧。國去此十者，敵不敢至；雖至必卻；興兵而伐必取；按兵不伐必富。[11]

這十種東西，真是國家的禍害，一定要把它們去除掉。這十種東西，就是游學者的主張。所以，去十者，就是把這些游學者趕走。

2.重刑重賞

商鞅在變法之前，為了取信於民，就在國都南門立起一根三丈長的木頭，下令說：「誰能把這個木頭搬到北門，就賞他十金。」老百姓覺得這件事很奇怪，所以沒有人敢搬動。於是他

---

10 商鞅原著，前引書，頁68。
11 商鞅原著，前引書，頁29。

又下令說：「誰能搬，賞他五十金。」有個人真的搬了，商鞅立刻如數給予賞賜，表示令出必行，絕不食言。[12]

重賞之下，必有勇夫。尤其是立有戰功者，商鞅重重的給予獎賞。

若士兵「能得甲首一者，賞爵一級，益田一頃，益宅九畝，一除庶子一人，乃得入兵官之吏。」[13]

士兵若能殺死一個敵人，取下他的首級，就能得到如此多的獎賞，包括：一個爵位、田一頃、宅九畝、一位僕人，還可以做官。難怪「民聞戰而相賀也」[14]、「民之見戰也，如餓狼之見肉。」[15]

這種軍隊真的很恐怖。別國是「避戰」、「畏戰」[16]，秦國則是「樂戰」、「好戰」，怪不得秦軍可以橫掃六國，戰無不勝，攻無不克。

除了重賞，商鞅也主張重刑。

商鞅說：

自卿相、將軍以至大夫、庶人，有不從王令、犯國禁、亂上制者，罪死不赦。

守法、守職之吏有不行王法者，罪死不赦，刑及三族。[17]

---

12 商鞅原著，前引書，導讀頁 10。
13 商鞅原著，前引書，導讀頁 10。
14 商鞅原著，前引書，頁 150。
15 同上註，頁 150。
16 韓非原著，賴炎元、傅武光注譯，《新譯韓非子》,〈台北：三民書局，2003 年〉, 頁 427。
17 商鞅原著，前引書，頁 141。

　　商鞅變法之初，太子犯法，因為太子是儲君，不能處罰太子，商鞅就把太子的老師：太傅公子虔與太師公孫賈處以黥刑（用刀刺刻額頰等處，再塗上墨）。後來，公子虔再度觸犯新法，於是再處以劓刑（割掉鼻子）。

　　治亂世，用重典。商鞅希望能夠「刑期無刑」。商鞅說：

　　夫先王之禁，刺殺，斷人之足，黥人之面，非求傷民也，以禁姦止過也。故禁姦止過，莫若重刑。刑重而必得，則民不敢試，故國無刑民。[18]

　　許多人敢作姦犯科，不是不怕刑罰，而是心存僥倖之心，自認為反正不一定會被警察抓到。若是只要犯法，就一定會被抓到的話，那麼，他就不敢以身試法了。

　　什麼是「必得」之法呢？商鞅編組民戶，五家為伍，十家為什，什伍之內，各家要互相糾察。如果有一家作姦犯科，那麼別家就必須告發，倘若隱瞞不報，便要受連累而被重罰。[19]此乃「連坐法」也。

　　在農業社會，人民安土重遷，故可以實施連坐法。到了工商業社會，搬家成了家常便飯，「連坐法」就不容易實行了。

（二）韓非的經營策略

　　韓非的經營策略大致與商鞅相同，如：重農重戰、重刑重賞等，分述如下：

18商鞅原著，前引書，頁141。
19商鞅原著，前引書，導讀頁10。

1.重農重戰策略

韓非的論點如下：

a. 夫好顯巖穴之士而朝之，則戰士怠於行陣；上尊學者，下士居朝，則農夫惰於田。戰士怠於行陣者，則兵弱也；農夫惰於田者，則國貧也。兵弱於敵，國貧於內，而不亡者，未之有也。[20]

b. 姦偽無益之民六，而世譽之如彼；耕戰有益之民六，而世毀之如此：此之謂「六反」。[21]

c. 博習辯智如孔、墨，孔、墨不耕耨，則國何得焉？修孝寡欲如曾、史，曾、史不攻戰，則國何利焉？匹夫有私便，人主有公利。不作而養足，不仕而名顯，此私便也；息文學而明法度，塞私便而一功勞，此公利也。錯法，以道民也，而又貴文學，則民之師法也疑。賞功，以勸民也，而又尊行修，則民之產利也惰。夫貴文學以疑法，尊行修以貳功，索國之富強，不可得也。[22]

d. 今境內之民皆言治，藏商、管之法者家有之，而國愈貧，言耕者眾，執耒者寡也。境內皆言兵，藏孫、吳之書者家有之，而兵愈弱，言戰者多，被甲者少也。故明主用其力，不聽其言；賞其功，必禁無用，故民盡死力以從其上。夫耕之用力也勞，而民為之者，曰：可得以富也。戰之為事也危，而民為之者，曰：可得以貴也。今修文學，習言談，則無耕之勞而有富之實，無戰之危而有貴

---

20 韓非原著，前引書，頁 428。
21 同上註，頁 666。
22 同上註，頁 678。

之尊，則人孰不為也！是以百人事智，而一人用力。事
智者眾則法敗，用力者寡則國貧，此世之所以亂也。[23]

e. 夫明王治國之政，使其商工游食之民少而名卑，以趣本
務而外末作。[24]

f. 磐石千里，不可謂富；象人百萬，不可謂強。石非不大，
數非不眾也，而不可謂富強者，磐不生粟，象人不可使
距敵也。今商賈技藝之士，亦不耕而食，是地不墾，與
磐石一貫也。儒、俠，毋軍勞，顯而榮者，則民不使，
與象人同事也。夫知禍磐石象人，而不知禍商賈儒俠為
不墾之地，不使之民，不知事類者也。[25]

　　以上六則韓非有關重農重戰的論點中，以現代的觀點看
來，是蠻可笑的。韓非漠視工商業者的功能，時至今日，農業
的產值佔整個台灣 GNP 的比率已不到百分之五，而服務業則超
過百分之五十，這可能是韓非無法想像的。韓非認為游學、言
談、儒俠等人士不事生產。然而，只是他們的主張與法家不同
而已，法家人士不也是沒有實際從事農戰嗎？

2.重刑重賞策略

　　韓非主要的論點如下：

a. 愚者固欲治，而惡其所以治者；皆惡危，而喜其所以危
者。何以知之？夫嚴刑重罰者，民之所惡也，而國之所

---

23 韓非原著，前引書，頁 725。
24 韓非原著，前引書，頁 731。
25 同上註，頁 742。

以治也；哀憐百姓，輕刑罰者，民之所喜，而國之所以危也。[26]

b. 聖王之立法也，其賞足以勸善，其威足以勝暴，其備足以完法。治世之臣，功多者位尊，力極者賞厚，情盡者名立。[27]

c. 古之善守者，以其所重，禁其所輕；以其所難，止其所易。故君子與小人俱正，盜蹠與曾、史俱廉。[28]

d. 子產相鄭，病將死，謂游吉曰：「我死後，子必用鄭，必以嚴蒞人。夫火形嚴，故人鮮灼；水形懦，故人多溺。子必嚴子之形，無令溺子之懦。」子產死，游吉不肯嚴形。鄭少年相率為盜，處於雚澤，將遂以為亂。游吉率車騎與戰，一日一夜，僅能剋之。游吉喟然歎曰：「吾蚤行夫子之教，必不悔至於此矣。」[29]

e. 吳起為魏武侯西河之守，秦有小亭臨境，吳起欲攻之，不去則甚害田者，去之則不足以徵甲兵。於是乃倚一車轅於北門之外，而令之曰：「有能徙此南門之外者，賜之上田上宅。」人莫之徙也。及有徙之者，還賜之如令。俄又置一石赤菽於東門之外，而令之曰：「有能徙此於西門之外者，賜之如初。」人爭徙之。乃下令曰：「明日且攻亭，有能先登者，仕之國大夫，賜之上田上宅。」人爭趨之。於是攻亭，一朝而拔之。[30]

---

26 韓非原著，前引書，頁129。
27 韓非原著，前引書，頁290。
28 同上註，頁292。
29 韓非原著，前引書，頁325。
30 韓非原著，前引書，頁336。

f. 越王問於大夫種曰:「吾欲伐吳,可乎?」對曰:「可矣。吾賞厚而信,罰嚴而必,君欲知之,何不試焚宮室?」於是遂焚宮室,人莫救之。乃下令曰:「人之救火者,死,比死敵之賞;救火而不死者,比勝敵之賞;不救火者,比降北之罪。」人之塗其體,被濡衣而赴火者,左三千人,右三千人,此知必勝之勢也。[31]

《慎子》逸文說:

孔子云:「有虞氏不賞不罰,夏后氏賞而不罰,殷人罰而不賞,周人賞且罰。罰,禁也;賞,使也。」[32]

「周人賞且罰」,「周人」當指西周,到了戰國時代,更越演越烈,成了「重賞重罰」。

由「不賞不罰」演變為「重賞重罰」這代表什麼意義呢?在有虞氏的時代,民風非常純樸,百姓無欲無求,就像《桃花源記》描述的世外桃源那樣的場景,又像香格里拉──人間的天堂,又像《老子》書中所說的:「甘其食,美其服,安其居,樂其俗。鄰國相望,雞犬之聲相聞,民至老死不相往來。」[33]因此,沒有賞罰的必要,也就是「不賞不罰」。但是,到了戰國時代,就像商鞅所說的:「古之民樸以厚,今之民巧以偽。」[34]如此,就要祭出「重賞重罰」才能收到效果了。

3.輕罪重罰

---

31 韓非原著,前引書,頁335。

32 《御覽》六百三十三,見慎到原著,前引書,頁6。

33 老子原著,余培林注譯,《新譯老子讀本》,〈台北:三民書局,2004年〉,頁158。

34 商鞅原著,前引書,頁79。

　　一般說來，處罰的輕重，與罪行的大小要相當，此乃「比例原則」。輕罪重罰與重罪輕罰可能都讓人無法接受。

　　韓非舉了三個實例，來說明輕罪要重罰。

a. 殷之法，刑棄灰於街者。子貢以為重，問之仲尼。仲尼曰：「知治之道也。夫棄灰於街，必掩人；掩人，人必怒；怒則鬥，鬥必三族相殘也。此殘三族之道也，雖刑之可也。且夫重罰者，人之所惡也；而無棄灰，人之所易也。使人行之所易，而無離所惡，此治之道也。[35]

b. 公孫鞅之法也，重輕罪。重罪者，人之所難犯也；而小過者，人之所易去也。使人去其所易，而無離其難，此治之道也。夫小過不生，大罪不至，是人無罪，而亂不生也。[36]

c. 魯人燒積澤，天北風，火南倚，恐燒國，哀公懼，自將眾，趣救火，左右無人，盡逐獸，而火不救。乃召問仲尼，仲尼曰：「夫逐獸者樂而無罰，救火者苦而無賞，此火之所以無救也。」哀公曰：「善。」仲尼曰：「事急，不及以賞。救火者盡賞之，則國不足以賞於人，請徒行罰。」哀公曰：「善。」於是仲尼乃下令曰：「不救火者，比降北之罪；逐獸者，比入禁之罪。」令下未遍，而火已救矣。[37]

　　這三個例子，說明了輕罪給予重罰，則百姓就會特別警惕，而不會觸犯它，就可以達成「以刑去刑」的目的。

---

35 韓非原著，前引書，頁327。
36 同上註，頁329。
37 韓非原著，前引書，頁327。

4.信賞必罰

韓非認為唯有信賞必罰才能激勵士氣，振奮人心。韓非的論點如下：

a. 言賞則不與，言罰則不行，賞罰不信，故士民不死也。[38]

b. 於是犯之者，其誅重而必；告之者，其賞厚而信。[39]

c. 衛嗣君之時，有胥靡逃之魏，因為襄王之后治病。衛嗣君聞之，使人請以五十金買之，五反而魏王不予，乃以左氏易之。群臣左右曰：「夫以一都買一胥靡，可乎？」王曰：「非子之所知也。夫治無小而亂無大。法不立而誅不必，雖有十左氏無益也；法立而誅必，雖失十左氏，無害也。」魏王聞之曰：「主欲治，而不聽之，不祥。」因載而往，徒獻之。[40]

d. 故有術之主，信賞以盡能，必罰以禁邪，雖有駁行，必得所利。[41]

e. 吳起示其妻以組，曰：「子為我織組，令之如是。」組已就而效之，其組異善。起曰：「使子為組，令之如是，而今也異善，何也？」其妻曰：「用財若一也，加務善之。」吳起曰：「非語也。」使之衣歸。其父往請之，吳起曰：「起家無虛言。」[42]

---

38 韓非原著，前引書，頁3。
39 同上註，頁127。
40 韓非原著，前引書，頁334。
41 同上註，頁444
42 同上註，頁508

f. 晉文公問於狐偃曰：「寡人甘肥周於堂，厄酒豆肉集於宮，壺酒不清，生肉不布，殺一牛遍於國中，一歲之功盡以衣士卒，其足以戰民乎？」狐子曰：「不足。」文公曰：「吾弛關市之征，而緩刑罰，其足以戰民乎？」狐子對曰：「不足。」文公曰：「吾民之有喪資者，寡人親使郎中視事，有罪者，赦之，貧窮不足者，與之，其足以戰民乎？」狐子對曰：「不足。此皆所以慎產也，而戰之者殺之也。民之從公也，為慎產也，公因而逆殺之，失所以為從公矣。」曰：「然則何如足以戰民乎？」狐子對曰：「令無得不戰。」公曰：「無得不戰奈何？」狐子對曰：「信賞必罰，其足以戰。」公曰：「刑罰之極安至？」對曰：「不辟親貴，法行所愛。」文公曰：「善。」明日，令田於圃陸，期以日中為期，後期者行軍法焉。於是公有所愛者，曰顛頡，後期，吏請其罪，文公隕涕而憂。吏曰：「請用事焉。」遂斬顛頡之脊，以徇百姓，以明法之信也。而後百姓皆懼，曰：「君於顛頡之貴重如彼甚也，而君猶行法焉，況於我則何有矣。」文公見民之可戰也，於是遂興兵伐原，克之；伐衛，東其畝，取五鹿；攻陽；勝虢；伐曹；南圍鄭，反之陴；罷宋圍；還與荊人戰城濮，大敗荊人。返為踐土之盟，遂成衡雍之義。一舉而八有功，所以然者，無他故異物，從狐偃之謀，假顛頡之脊也。[43]

---

43 韓非原著，前引書，頁509。

g.賞莫如厚而信，使民利之；罰莫如重而必，使民畏之；
　法莫如一而固，使民知之。故主施賞不遷，行誅無赦。
　譽輔其賞，毀隨其罰，則賢不肖俱盡其力矣。[44]

　　韓非列舉了三個實例，來說明信賞必罰的重要性。尤其是
衛嗣公願意以一個都邑來交換一個囚犯，真叫人為之震撼，魏
王只有乖乖地把囚犯遣送回來。

5.藏富於民

　　有些執政者，貪欲無窮，盡量搜刮民脂民膏，韓非則舉了
一個實例，說明「藏富於民」才是王道：

　　春秋時代，晉國的大臣智伯聯合韓康子與魏宣子一起去攻
打趙襄子。趙襄子的謀士張孟談建議移防到晉陽。趙襄子到了
晉陽後，發現：「城郭不治，倉無積粟，府無儲錢，庫無甲兵，
邑無守具。」就很擔心，如何備戰抗敵。張孟談就和趙襄子說：
「臣聞聖人之治藏於本，不藏於府庫，務修其教，不治城郭。」
乃請趙襄子下令：「今民自留三年之食，有餘粟者入之倉，自留
三年之用，有餘錢者入之府。」第二天倉庫就堆滿了糧食，府
庫也堆滿了錢幣，完成了備戰的第一個工作。[45]

　　從這個案例，可以知道「藏富於民」的重要性，推而廣之，
「預備役」的教育訓練也不可忽視。打起仗來，第二線人員是
否能動員？是否可以派上用場？是否可以發揮戰力？都是嚴峻
的考驗，關係著國家的存亡。

---

44 韓非原著，前引書，頁717。
45 韓非原著，前引書，頁83。

　　綜觀法家的經營策略，「重農重戰」就是要富國強兵，「重刑重賞」就是要激發軍民的「積極性」。如此，就可以讓國家的戰力提升，進可攻，退可守，不怕別人來欺負了。

六、法家的競爭策略

（一）商鞅的競爭策略

申不害說：「智均不相使，力均不相勝。」[1]要想稱霸中原，一定要提升戰力。商鞅「重農重戰」與「重刑重賞」的經營策略，可以讓秦國的戰力提升，超越六國。因之，它本身也是一個很強的競爭策略。商鞅說：

a.利出於地，則民盡力；名出於戰，則民致死。入使民盡力，則草不荒；出使民致死，則勝敵。勝敵而草不荒，富強之功可坐而致也。[2]

b.所謂壹賞者，利祿、官爵摶出於兵，無有異施也。夫固知愚、貴賤、勇怯、賢不肖，皆盡其胸臆之知，竭其股肱之力，出死而為上用也。天下豪傑賢良，從之如流水，是故兵無敵，而令行於天下。[3]

c.賞則必多，威則必嚴，淫道必塞，為辯知者不貴，游宦者不任，文學私名不顯。賞多威嚴，民見戰賞之多則忘

---

1 申不害原著，前引書，頁1。
2 商鞅原著，前引書，頁67。
3 商鞅原著，前引書，頁138。

死，見不戰之辱則苦生。賞使之忘死，而威使之苦生，而淫道又塞，以此遇敵，是以百石之弩射飄葉也，何不陷之有哉？[4]

d.故為國者，邊利盡歸於兵，市利盡歸於農。邊利盡歸於兵者強，市利盡歸於農者富。故出戰而強，入休而富者，王也。[5]

e.夫國危主憂也者，強敵、大國也。人君不能服強敵、破大國也，則修守備，便地形，摶民力，以待外事，然後患可以去，而王可致也。是以明君修政作壹，去無用，止浮學，事淫之民壹之農，然後國家可富，而民力可摶也。[6]

綜上所述，只要能實行「重農重戰」與「重刑重賞」的策略，必能富國強兵，稱霸中原。但是，假如不實施「重農重戰」的策略，國家就有危險了。商鞅說：

故其境內之民，皆化而好辯、樂學，事商賈，為技藝，避農戰。如此，則不遠矣。國有事，則學民惡法，商民善化，技藝之民不用，故其國易破也。夫農者寡，而遊食者眾，故其國貧危。……故治國者，欲民之農也。國不農，則與諸侯爭權，不能自持也，則眾力不足也。故諸侯撓其弱，乘其衰，土地侵削而不振，則無及已。[7]

---

4 商鞅原著，前引書，頁182。
5 同上註，頁184。
6 商鞅原著，前引書，頁35。
7 商鞅原著，前引書，頁31。

因此，唯有「重農重戰」才能進可攻，退可守，所以，它不但是個很好的經營策略，也是個很強的競爭策略。

（二）韓非的競爭策略

接著談韓非的競爭策略。在《韓非子》書中，韓非用很多實例來說明競爭策略的運用。分別列舉如下：

1.敵國廢置

所謂「敵國廢置」，就是讓敵國廢強置弱，韓非舉了五個實例。

(1)美人計

①穆公去由余

昔者，戎王使由余聘於秦，穆公與之論古之明主得國失國之道，發現由余是位很有見地的人才，於是召內史廖而告之，曰：「寡人聞鄰國有聖人，敵國之憂也。今由余，聖人也，寡人患之，吾將奈何？」內史廖曰：「臣聞戎王之居，僻陋而道遠，未聞中國之聲，君其遺之女樂，以亂其政，而後為由余請期，以疏其諫。彼君臣有間，而後可圖也。」君曰：「諾。」乃使內史廖以女樂二八遺戎王，因為由余請期。戎王允諾，見其女樂而說之，設酒張飲，日以聽樂，終歲不遷，牛馬半死。由余歸，因諫戎王，戎王弗聽，由余遂去之秦。[8]

---

8 韓非原著，前引書，頁89。

②景公去仲尼

仲尼為政於魯，道不拾遺，齊景公患之。黎且謂景公曰：「去仲尼，猶吹毛耳。君何不迎之以重祿高位，遺哀公女樂以驕滎其意？哀公新樂之，必怠於政，仲尼必諫，諫必輕絕於魯。」景公曰：「善。」乃令黎且以女樂二八遺哀公，哀公樂之，果怠於政。仲尼諫，不聽，去而之楚。[9]

③獻公焚虞虢

晉獻公欲伐虞虢，乃遺之屈産之乘，垂棘之璧，女樂二八，以滎其心，以亂其政。[10]

（2）欺敵戰略

吳攻荊，子胥使人宣言於荊曰：「子期用，將擊之；子常用，將去之。」荊人聞之，因用子常而退子期也。吳人擊之，遂勝之。[11]

（3）干象沮甘茂

楚王謂干象曰：「吾欲以楚扶甘茂而相之秦，可乎？」干象對曰：「不可。」王曰：「何也？」曰：「甘茂，少而事史舉先生——史舉，上蔡之監門也，大不事君，小不事家，以苟刻聞天下，茂事之順焉。惠王之明，張儀之辨也，茂事之取十官而免於罪，是茂賢也。」王曰：「相人敵國而相賢，其不可何也？」干象曰：「前時王使邵滑之越，五年而能亡越，所以然者，越亂而楚治也。日者知用之越，今亡之秦，不亦太亟忘乎？」王曰：「然則為之奈何？」干象對曰：「不如用共立。」王曰：「共立

9 韓非原著，前引書，頁384。
10 同上註，頁388。
11 同上註，頁387。

可相，何也？」對曰：「共立少見愛幸，長為貴卿，被王衣，含杜若，握玉環，以聽於朝。且利以亂秦矣。」[12]

上述五個例子，都是想辦法，讓競爭的對手，將有才幹的大臣、將領棄置不用，以致國家削弱，甚至敗亡，值得我們借鏡。

2.用　間

用間，就是運用間諜，來擾亂、欺騙對方，日本、中共都是個中高手。《韓非子》書中也記載了三個實例，如下：

（1）周文王 vs. 商紂王

文王資費仲而遊於紂之旁，令之間紂而亂其心。[13]

（2）秦惠王 vs. 荊　王

秦侏儒善於荊王，而陰有善荊王左右，而內重於惠文君。荊適有謀，侏儒常先聞之，以告惠文君。[14]

（3）魏　王 vs. 趙王

鄯令襄疵陰善趙王左右，趙王謀襲鄯，襄疵常輒聞而先言之魏王。魏王備之，趙乃輟行。[15]

「用間」不是很容易，近代，則使用監聽的技術，來取得有用的情報，最近，美國監聽歐盟的消息曝光，引起歐盟的撻伐。

---

12 韓非原著，前引書，頁385。
13 同上註，頁384。
14 韓非原著，前引書，頁390。
15 同上註，頁390。

3.大鐘開道

知伯將伐仇由，而道難不通，乃鑄大鐘遺仇由之君。仇由之君大說，除道將內之。赤章曼枝曰：「不可。此小之所以事大也，而今也大以來，卒必隨之，不可內也。」仇由之君不聽，遂內之。赤章曼枝因斷轂而驅，至於齊七月，而仇由亡矣。[16]

像不像「木馬屠城」的翻版，可見中、西方都有白痴，給競爭對手一個大好的機會來消滅自己。

4.化敵為友

智伯約韓魏伐趙，趙襄子從張孟談議，守晉陽。因舒軍而圍之，決晉陽之水以灌之，圍晉陽三年。城中財食將盡，士大夫羸病。襄子謂張孟談曰：「糧食匱，財力盡，士大夫羸病，吾恐不能守矣。欲以城下，何國之可下？」張孟談曰：「臣聞之，亡弗能存，危弗能安，則無為貴智矣。君釋此計者，臣請試潛行而出，見韓魏之君。」張孟談見韓魏之君，曰：「臣聞唇亡齒寒，今智伯率二君而伐趙，趙將亡矣，趙亡，則二君為之次。」二君曰：「我知其然，雖然，智伯之為人也，麤中而少親，我謀而覺，則其禍必至矣。為之奈何？」張孟談曰：「謀出二君之口，而入臣之耳，人莫之知也。」 二君因與張孟談約三軍之反，與之期日。夜遣孟談入晉陽，以報二君之反。襄子迎孟談而再拜之，且恐且喜。至於期日之夜，趙氏殺其守堤之吏，而

---

16 韓非原著，前引書，頁273。

決其水灌智伯軍。智伯軍救水而亂，韓魏翼而擊之，襄子將卒犯其前，大敗智伯之軍，而擒智伯。[17]

　　智伯係採用「聯合明天的敵人打擊今天的敵人」的策略。這些「明天的敵人」心知肚明，只要智伯「今天的敵人」被消滅了，他們就會自動升格為「今天的敵人」。所以，當張孟談出現在他們面前，採用「化敵為友」的策略時，他們立刻就答應了！還是老天有眼，不會讓智伯這種人為所欲為。

5. 欺　敵

　　昔者，鄭武公欲伐胡，故先以其女妻胡公，以娛其意。因問於群臣曰：「吾欲用兵，誰可伐者？」大夫關其思對曰：「胡可伐。」武公怒而戮之，曰：「胡，兄弟之國也，子言伐之，何也！」胡君聞之，以鄭為親己，遂不備鄭，鄭人襲胡取之。[18]

　　鄭武公真是恐怖，為了伐胡，犧牲了自己的女兒還有一位大夫。因此，當別人對你「讓利」的時候，你要有「黃鼠狼給雞拜年」的警覺。

6. 伺機而動

　　越王入宦於吳，而觀之伐齊以弊吳。吳兵既勝齊人於艾陵，張之於江、濟，強之於黃池，故可制於五湖。[19]

　　春秋時代，吳王夫差伐越，越王句踐被圍困於會稽山，於是忍辱求和，親率其夫人與屬下數百人入吳，服事夫差，後來

---

17 韓非原著，前引書，頁83。
18 韓非原著，前引書，頁115。
19 韓非原著，前引書，頁216。

被釋回，乃臥薪嘗膽，生聚教訓，準備復仇，終於趁吳王伐齊的機會，一舉滅吳。

失敗並不可恥，可恥的是失敗後沒有再站起來的勇氣。句踐以一國之尊，願意卑躬屈膝，臣事夫差，甚至親嚐夫差的「糞便」，以博取夫差的信任。反觀吳王夫差，太湖之戰，敗於越國，太宰伯嚭建議向句踐求和，夫差拒絕，拔劍自刎而死，令人不勝唏噓。

7.一石二鳥

晉獻公以垂棘之璧，假道於虞而伐虢。大夫宮之奇諫曰：「不可。脣亡而齒寒，虞、虢相救，非相德也。今日晉滅虢，明日虞必隨之亡。」虞君不聽，受其璧而假之道。晉已取虢，還反滅虞。[20]

「脣亡齒寒」的道理大家都懂，偏偏有人經不起誘惑，「垂棘之璧」是多麼珍貴的寶物啊！不過，假如國家都被滅亡了，你還能擁有它嗎？即使能擁有它，又有何意義呢？晉獻公還真了解人性，看準虞君會受騙上當，演出了一部流傳千古的大戲。

8.一鳴驚人

楚莊王蒞政三年，無令發，無政為。右司馬御座，而與王隱曰：「有鳥止南方之阜，三年不翅，不飛不鳴，嘿然無聲，此為何名？」王曰：「三年不翅，將以長羽翼；不飛不鳴，將以觀民則。雖無飛，飛必衝天；雖無鳴，鳴必驚人。子釋之，不穀知之矣。」處半年，乃自聽政，所廢者十，所起者九，誅大臣

---

20 韓非原著，前引書，頁220。

五，舉處士六，而邦大治。舉兵誅齊，敗之徐州，勝晉於河雍，合諸侯於宋，遂霸天下。莊王不為小善，故有大名；不蚤見示，故有大功。[21]

「三年不鳴」，楚莊王仔細觀察了三年，知道哪些應興應革，也知道哪些是好人哪些是壞人。因此，可以「一鳴驚人」，不論在內政方面還是在對外的謀略，都讓人刮目相看，終於成為春秋時代的霸主。

9.自知之明

楚莊王欲伐越，莊子諫曰：「王之伐越，何也？」曰：「政亂兵弱。」莊子曰：「臣患智之如目也，能見百步之外，而不能自見其睫。王之兵，自敗於秦、晉，喪地數百里，此兵之弱也。莊蹻為盜於境內，而吏不能禁，此政之亂也。王之亂弱，非越之下也，而欲伐越，此智之如目也。」王乃止。故知之難，不在見人，在自見。故曰：「自見之謂明。」[22]

人總是看到別人的缺點，卻看不到自己本身的弱點。「鴻夏戀」遲遲無法定案，癥結恐怕就在郭董認為夏普的內部管理有問題，而不知自己最大的弱點，就是鴻海在消費者心目中的品牌印象幾乎等於零。

10.天妒英才

子圉見孔子於商太宰，孔子出，子圉入，請問客。太宰曰：「吾已見孔子，則視子猶蚤蝨之細者也，吾今見之於君。」子

---

21 韓非原著，前引書，頁227。
22 韓非原著，前引書，頁228。

圍恐孔子貴於君也，因謂太宰曰：「君已見孔子，亦將視子猶蚤蝨也。」太宰因弗復見也。[23]

　　「天妒英才」，人更是如此，有鮑叔牙那種胸襟的人，可不多見了！孔子一定很羨慕管仲吧！

11.螳螂捕蟬，黃雀在後

　　晉人伐邢，齊桓公將救之。鮑叔曰：「太蚤。邢不亡，晉不敝；晉不敝，齊不重。且夫持危之功，不如存亡之德大。君不如晚救之以敝晉，其實利；待邢亡而復存之，其名美。」桓公乃弗救。[24]

　　許多人很愛「面子」，但「面子」、「裡子」都要，才是高招。

12.欲取姑予

　　智伯索地於魏宣子，魏宣子弗予。任章曰：「何故不予？」宣子曰：「無故請地，故弗予。」任章曰：「無故索地，鄰國必恐。彼重欲無厭，天下必懼。君予之地，智伯必驕而輕敵，鄰邦必懼而相親。以相親之兵，待輕敵之國，則智伯之命不長矣。《周書》曰：「將欲敗之，必姑輔之；將欲取之，必姑予之。」君不如予之，以驕智伯。且君何釋以天下圖智氏，而獨以吾國為智氏質乎？」君曰：「善。」乃與之萬戶之邑，智伯大悅。因索地於趙，弗予；因圍晉陽，韓魏反之外，趙氏應之內，智氏自亡。[25]

23　韓非原著，前引書，頁232。
24　韓非原著，前引書，頁233。
25　韓非原著，前引書，頁235。

驕兵必敗，智伯乃咎由自取，當天怒人怨之日，就是身敗名裂之時。「欲取姑予」是以小事大的一個好策略。

13.聲東擊西

秦康公築台三年。荊人起兵，將欲以兵攻齊。任妄曰：「饑召兵，疾召兵，勞召兵，亂召兵。君築台三年，今荊人起兵將攻齊，臣恐其攻齊為聲，而以襲秦為實也，不如備之。」戍東邊，荊人輟行。[26]

任妄真是很有頭腦，知道秦國築台三年，勞民傷財，成為荊國覬覦的對象，荊人採用聲東擊西的策略，被任妄識破，派兵駐守秦國東邊，荊人看到秦國已有準備，就收兵回去了。

14.鷸蚌相爭，漁翁得利

齊攻宋，宋使臧孫子南求救於荊，荊王大悅，許救之甚勸。臧孫子憂而反，其御曰：「索救而得，今子有憂色，何也？」臧孫子曰：「宋小而齊大，夫救小宋而惡於大齊，此人之所憂也，而荊王悅，必以堅我也。我堅而齊弊，荊之所利也。」臧孫子乃歸。齊人拔五城於宋，而荊救不至。[27]

許多人表裡不一，嘴巴說好，心裡想的卻是另外一套，口惠而實不至。荊王表面上答應出兵救宋，但實際上，他是想坐收漁翁之利。

---

26 韓非原著，前引書，頁236。
27 韓非原著，前引書，頁237。

15.將計就計

　　魏文侯借道於趙而攻中山，趙肅侯將不許。趙刻曰：「君過矣。魏攻中山而弗能取，則魏必罷，罷則魏輕，魏輕則趙重。魏拔中山，必不能越趙而有中山也，是用兵者魏也，而得利者趙也。君必許之。許之而大勸，彼將知君利之也，必將輟行。君不如借之道，示以不得已也。」[28]

　　魏文侯不知「遠交近攻」的道理，也許，他並不想併吞中山，只是給他一點教訓罷了！趙刻倒是巴不得兩敗俱傷，可以坐收漁翁之利。所以，要趙王裝出一臉無奈的樣子，勉強借道給魏國。

16.服眾小，以劫大

　　周公旦已勝殷，將攻商蓋。辛公甲曰：「大難攻　，小易服，不如服眾小以劫大。」乃攻九夷，而商蓋服矣。[29]

　　商蓋不知是因武庚已被周公討平，還是因周公討伐九夷而歸降。畢竟，商蓋比起武庚要小了許多。

17.槍口一致對外

　　三蝨相與訟，一蝨過之，曰：「訟者奚說？」三蝨曰：「爭肥饒之地。」一蝨曰：「若亦不患臘之至而茅之燥耳，若又奚患？」於是乃相與聚嘬其母而食之。彘臞，人乃弗殺。[30]

---

28 韓非原著，前引書，頁 237。
29 韓非原著，前引書，頁 248。
30 同上註，頁 265。

與其爭奪最肥饒的地方而浪費時間，甚至造成傷亡，影響戰力，不如大家一條心，努力吸食豬的血液，讓豬肥不起來，而不會被人宰殺，才是蝨子最佳的策略。

18.認賠止血

越已勝吳，又索卒於荊而攻晉。左史倚相謂荊王曰：「夫越破吳，豪士死，銳卒盡，大甲傷。今又索卒以攻晉，示我不病也，不如起師與分吳。」荊王曰：「善。」因起師而從越。越王怒，將擊之。大夫種曰：「不可。吾豪士盡，大甲傷，我與戰必不克，不如賂之。」乃割露山之陰五百里以賂之。[31]

句踐竟然不知記取夫差的教訓，滅吳後，當休養生息。又向荊國借兵以攻晉，引狼入室，幸好聽從文種的建議，割地五百里給荊國，以暫時平息荊國的野心，但最後還是難逃被荊國消滅的命運。

19.二擇一（城壺丘 vs. 出荊王弟）

荊王弟在秦，秦不出也。中射之士曰：「資臣百金，臣能出之。」因載百金之晉，見叔向曰：「荊王弟在秦，秦不出也，請以百金委。」叔向受金，而以見之晉平公，曰：「可以城壺丘矣。」平公曰：「何也？」對曰：「荊王弟在秦，秦不出也，是秦惡荊也，必不敢禁我城壺丘。若禁之，我曰：『為我出荊王之弟，吾不城也。』彼如出之，可以德荊；彼不出，是卒惡也，必不敢禁我城壺丘矣。」公曰：「善。」乃城壺丘，謂秦公曰：「為我

---

31 韓非原著，前引書，頁 274。

出荊王之弟，吾不城也。」秦因出之，荊王大說，以鍊金百鎰
遺晉。[32]

　　荊國的中射之士看準晉國的大夫叔向可以幫忙將在秦國做
人質的荊王的弟弟放回來。於是帶了黃金百斤去見叔向，叔向
收了百金後，就去見晉平公說：「我們可以在壺丘築城了。」晉
平公就問叔向說：「原因何在？」叔向說：「荊王的弟弟在秦國
做人質，荊國要求秦國放他回去，但秦國不答應，我們就以不
在壺丘築城做為交換條件，要求秦國釋放荊王弟。如此，假如
秦國釋放荊王弟的話，我們可以討好荊國，如果，秦國還是不
願釋放的話，我們就在壺丘築城，秦國也就不敢反對了。因為，
如此一來，他就會同時得罪荊國和晉國，怕我們會聯合起來，
和秦國作對。結果，秦國還是把荊王弟給釋放了。

　　國際間充滿了權謀與算計，讓晉國在壺丘築城，對秦國所
造成的損害，遠遠超過將荊王弟扣留在秦國所得到的利益，所
以，還是把荊王弟釋放吧！

20.乘勝追擊

　　闔廬攻郢，戰三勝，問子胥曰：「可以退乎？」子胥對曰：
「溺人者一飲而止，則無遂者，以其不休，不如乘之以沈之。」[33]

　　所謂：一不作，二不休。乘勝追擊，才能得到最大的戰果。

21.欲民善射之道

　　李悝為魏文侯上地之守，而欲人之善射也，乃下令曰：「人
之有狐疑之訟者，令之射的；中之者勝，不中者負。」令下，

---

32 韓非原著，前引書，頁279。
33 韓非原著，前引書，頁280。

而人皆疾習射，日夜不休。及與秦人戰，大敗之，以人之善射
也。[34]

　　致勝之道，在戰略、戰術、戰技之優於對方。若戰略、戰
術無分軒輊，就要比戰技之高下了。李悝這招，令魏國人日夜
勤練射箭，以至於戰技優於秦人，因此，可以打敗敵人。

22.確認誰是競爭對手？

　　費仲說紂曰：「西伯昌賢，百姓悅之，諸侯附焉，不可不誅；
不誅，必為殷患。」紂曰：「子言義主，何可誅！」費仲曰：「冠
雖穿弊，必戴於頭；履雖五采，必踐之於地。今西伯昌，人臣
也，修義而人向之，卒為天下患，其必昌乎？人臣不以其賢為
其主，非可不誅也。且主而誅臣，焉有過？」紂曰：「夫仁義者，
上所以勸下也。今昌好仁義，誅之不可。」三說不用，故亡。[35]

　　誰是我們的競爭對手？商紂王不把周文王當作競爭對手，
所以，不忍心用殘酷的手段對付他。若他知道周文王會威脅到
他的地位、生命後，可能就會採取必要的措施了。

　　在商場上，誰是我們的競爭對手？同行者，是我們的競爭
對手，那些未來可能會進入本行業的，則是潛在的競爭對手。
對付競爭對手要想盡辦法，用盡一切手段，來打擊競爭對手。
對付潛在競爭對手，則要巧妙應對，有一個實例：

　　松下幸之助讓島田放棄競爭

　　一天，東京京橋的蛇目裁縫車工業總公司的社長島田收到
松下的一封辭句誠懇的親筆信，正在高興之際，記者針木「駕

34　韓非原著，前引書，頁337。
35　韓非原著，前引書，頁460。

臨」。島田遞過信，朝記者先生神秘的一笑，不無得意地說：「這是松下先生寫給我的親筆信。」

「你認識松下先生嗎？」針木接過信問道。

「不，從來沒見過面。我是久慕他的大名，至於他，恐怕也聽說過我。」島田一臉高興的表情。

針木展開那封信，字跡清秀工整，立即給人嚴肅認真的聯想。信的內容如下：

「十分冒昧地寫信給您，很對不起。關於您的蛇目裁縫車的經營，我常常深受感動。從報導中看到你說：「蛇目公司除了裁縫車以外，什麼也不生產。有很多因插手各種行業而導致失敗的例子，裁縫車廠家只應該生產裁縫車。」並且您也將它貫徹實行了。這種專業的經營方針，是蛇目公司獨特的作風。

我們松下電器也在考慮類似的做法。總之，想試著插手其他行業，是人類的一種劣根性、而我覺得，您那種專業的想法令人非常欽佩。

另外，我想親耳聆聽您的教誨。某月某日在京都真真庵等候您，請務必前來。」

真真庵是松下長期以來招待賓客的京都宅邸。如果不是松下自己的客人，不會在那兒招待。對了解這些內情的島田而言，接到如此榮譽的請柬，自然萬分感激。

但是，記者針木讀完這封信，就感到裡面有文章，否則松下不會給素未謀面的島田寫這樣的親筆信。

也許是記者的職業毛病，針木直言不諱地提醒島田：「島田先生，這是松下幸之助的陰謀！」

島田吃驚的盯著記者的臉：「什麼？你說的陰謀是……」

「蛇目裁縫車在全國有六百家營業所吧，假設六百家營業所都出售電器產品，結果會怎樣呢？你不認為是對松下電器的威脅嗎？」針木看著天花板只顧自個兒地說：「松下的陰謀你還沒有看出來？」

剛才還處在興致勃勃之中的島田，聽了針木的話，沸騰的血有些發涼了。他呆呆地看著針木，一副「難道真是這樣」的表情。不過，島田很快恢復了常態，從容不迫地說：「針木先生，如果想到那兒去的話，那人們不是不可信賴了？總之，我先坦誠地接受松下先生的讚美。」

「不過，你要記住，與他會面時什麼都別說。你最好想著，他是會考慮那些事的人，這樣去會面就沒問題了。」針木這樣忠告島田。

在當時的裁縫車行業中，蛇目居首位，其次是兄弟、力卡。其中兄弟公司已插手電器產品、編織機及電腦相關機器；力卡公司也從經營家電發展到擁有商業旅館的連鎖店。他們均意識到只生產裁縫車將會阻礙發展，所以企圖走向多元化經營。

「司馬昭之心，路人皆知。」松下盛讚蛇目公司「專業」經營的用意，經過針木解釋，島田應該十分清楚。但是，島田並沒往心裡去，他把松下的信刊登在公司內部報刊上，向員工誇耀自己的想法如何高明，以致於受到「經營之神」的賞識等等。

　　十幾年後，在談到蛇目裁縫車衰敗的原因時，針木記者一針見血地指出：「在我看來，是因為松下的陰謀巧妙得逞的緣故。」[36]

　　松下幸之助還真是厲害，連「潛在競爭者」都不放過。可憐的蛇目社長島田先生陷入松下的詭計之中，未能及早採行「多角化」策略，以因應裁縫車行業即將沒落的趨勢。少了島田這個「潛在競爭者」，松下在電器這個行業中，就走得比較順遂了。

---

36 王志剛編著，《企業經營之神：松下幸之助傳奇》，〈台北：詠春圖書文化公司，2002 年〉，頁 343-346。

七、法家的規劃思想

　　如前所述，經營者的經營理念是規劃的前提之一，而經營策略與競爭策略則是規劃的成果。法家的經營理念、經營策略與競爭策略，已分別說明於前面第三、五與六章。

　　現僅就法家其他有關規劃的思想，作一闡述。

（一）申不害的規劃思想

　　申不害說：「明君治國，三寸之籤運而天下定，方寸之基正而天下治。」[1]

　　「三寸之籤運而天下定」與司馬遷的「運籌策帷幄之中，決勝千里之外」有異曲同工之妙。申不害強調規劃的功能，藉著良好的規劃可以平定天下。歷史上最有名的例子，要算諸葛亮的隆中對：三分天下。諸葛亮要劉備穩住巴蜀，打下荊州。就可以與東吳孫權、北方的曹魏三足鼎立，再與東吳結盟，伺機北伐，就可完成中興漢朝的大業。可惜，後來與東吳交惡，

────────────────

1 申不害原著，前引書，頁1。

獨力北伐五次，都未能成功。只有以「出師表」明志，真是「鞠躬盡瘁，死而後已。」

（二）商鞅的規劃思想

商鞅認為有智慧的人，可以洞燭機先，但是，他的想法，會受到別人的批評與非議。

商鞅說：

有高人之行者，固見非於世；有獨知之慮者，必見訾於民。[2]

商鞅並引述當時的俗話與郭偃的說法加以佐證：

俗話說：

愚者暗於成事，知者見於未萌。民不可與慮始，而可與樂成。[3]

郭偃說：

論至德者不和於俗，成大功者不謀於眾。[4]

規劃須要創新，若創新的程度遠超過一般人的想像，以致於大家無法理解、接受。

就拿日本新力公司的兩位創辦人之一的盛田昭夫來做例子：

西元一九七九年三月，盛田在推「隨身聽」這個舉世聞名的案子時，其他人都不看好沒有錄音功能的隨身聽，即使井深

---

2 商鞅原著，前引書，頁3。
3 同上註。
4 商鞅原著，前引書，頁3。

大——另一位創辦人，也有疑慮，但盛田不為所動。一九七九年七月，隨身聽在日本上市，八月中旬開始熱賣，到一九九八年底，隨身聽的全球銷售量累積到二億五千萬台。[5]真是恐怖啊！商鞅的這種說法，與我們平常所津津樂道的：「由下而上的決策模式」、「參與式管理」與「腦力激盪法」等大異其趣。難道商鞅與盛田昭夫真是所謂的「天縱英明」嗎？

　　商鞅其他有關規劃方面的思想，與軍事有密切的關係，商鞅本身也是戰功彪炳的將軍呢！

　　商鞅認為用兵取勝必須先完成「錯法」、「俗成」與「用具」三個步驟。

　　「錯法」乃是建立法度，施行法治；「俗成」乃是養成人民「重戰」的風俗；「用具」則是準備好作戰所須的裝備器具。

　　商鞅說：

凡用兵勝有三等：若兵未起則錯法，錯法而俗成，而用具。此三者必行於境內，而後兵可出也。[6]

　　原本我們以為想打勝仗，必須事先準備好武器、裝備，再將部隊訓練完畢，然後，擬定作戰計劃，作戰計劃完成後，就可發動攻擊。商鞅則認為：必須先建立法度，施行法治。這包括擬定獎懲的辦法。然後，培養人民樂戰、好戰的風氣，心理建設好了，再談作戰的實質問題。這有點像國軍的政治作戰思想。國軍的政治作戰思想取法於蘇聯紅軍，不知蘇聯紅軍是否讀過商君書？

---

5 約翰‧納森原著，高煥麗譯，《新力王國》，〈台北：智庫股份有限公司，2001年〉，頁194-198。

6 商鞅原著，前引書，頁101。

商鞅非常重視規劃。商鞅說：

若兵敵強弱，將賢則勝，將不如則敗。若其政出廟算者，將賢亦勝，將不如亦勝。[7]

商鞅認為：假如雙方兵力在伯仲之間，就要看將軍的才幹了，若將軍比較有才幹，就會得到勝利；若將軍的才幹不如對方，我們就會失敗。如果朝廷的決策正確，將軍比較有才幹，那麼一定可以得到勝利，即使將軍的才幹不如對方，也可以得到勝利。

由此可見，規劃是多麼重要，可以彌補將才的不足。

商鞅認為作戰要事先評估敵我雙方的實力，才能做出正確的決策。

商鞅說：

兵起而程敵，政不若者勿與戰，食不若者勿與久，敵眾勿為客，敵盡不如，擊之勿疑。故曰：兵大律在謹。論敵察眾，則勝負可先知也。[8]

孫子說：「知己知彼，百戰不殆。」[9]商鞅做了最佳的詮釋。

商鞅認為：作戰規劃要出其不意，才能出奇制勝。商鞅說：

兵行敵所不敢行，強；事興敵所羞為，利。[10]

這種想法與孫子類似，孫子說：

凡戰者，以正合，以奇勝。故善出奇者，無窮如天地，不

7 商鞅原著，前引書，頁99。
8 商鞅原著，前引書，頁98。
9 孫武原著，吳仁傑注譯，《新譯孫子讀本》，〈台北：三民書局，2012年〉，頁23。
10 商鞅原著，前引書，頁38。

竭如江河。[11]

　　西元一七九五年，拿破崙率領大軍翻越阿爾卑斯山攻打義大利，讓駐守在當地的薩丁尼亞軍隊慌了手腳，遂大破敵軍。[12]

　　義大利人以為阿爾卑斯山是天險，是最佳的天然屏障，沒想到，拿破崙竟然敢翻越阿爾卑斯山，只好認輸了。真是「兵行敵所不敢行，強。」也！

（三）韓非的規劃思想

　　韓非認為規劃者要能高瞻遠矚，洞察機先，如此，才能做出良好的策略方案。韓非舉出一個實例：

　　荊吳之戰

　　荊伐陳，吳救之，軍閒三十里，雨十日，夜星。左史倚相謂子期曰：「雨十日，甲輯而兵聚，吳人必至，不如備之。」乃為陣，陣未成也，而吳人至，見荊陣而反。左史曰：「吳反覆六十里，其君子必休，小人必食。我行三十里擊之，必可敗也。」乃從之，遂破吳軍。[13]

　　下了十天的雨，天氣好轉，星星都出來露臉了！這時，你有閒情逸致來看星星嗎？還是，……？而左史倚相就有這個預感：吳兵會乘著星光殺過來，於是馬上請子期命荊兵佈陣。吳兵見荊人已有防備就退兵了。左史倚相說：「吳兵往返六十

11　孫武原著，吳仁傑注譯，《新譯孫子讀本》，〈台北：三民書局，2012 年〉，頁32。
12　蔡升編譯，《拿破崙外傳》，〈台北：文國書局，2000 年〉，頁 69。
13　韓非原著，前引書，頁 275。

里，回到吳營一定都累了，若乘機進攻，一定可以打敗他們。」
所以，請子期下令攻擊，一舉擊破吳軍。假如，當初荊人沒有
防備，可能就被吳軍打敗了，因此，戰場勝負真是很難預測，
就看指揮官如何制定作戰計劃了。

韓非認為：要結合大家的力量與智慧，才能將事情圓滿完
成。韓非說：

「力不敵眾，智不盡物，與其用一人，不如用一國。故智
力敵，而群物勝。揣中則私勞，不中則任過。下君，盡己之能，
中君，盡人之力，上君，盡人之智。是以事至而結智，一聽而
公會。」[14]

「事至而結智，一聽而公會。」是說：國家有事情，就要
聚集眾人的智慧，不但要一一聽取大家的意見，而且要會合眾
人論辯。經過這個程序，才能做出良好的規劃。不能只聽信自
己喜愛的人所說的話。韓非說：「明主不懷愛而聽，不留說而
計。」[15]

若國家變成只聽得到權臣一個人的聲音而聽不到別的聲
音，那就糟了！韓非舉了一個例子：

魯哀公問於孔子曰：「鄙諺曰：『莫眾而迷。』今寡人舉事，
與群臣慮之，而國愈亂，其故何也？」孔子對曰：「明主之問臣，
一人知之，一人不知也；如是者，明主在上，群臣直議於下。
今群臣無不一辭同軌乎季孫者，舉國盡化為一，君雖問境內之
人，猶不免於亂也。」[16]

---

14 韓非原著，前引書，頁 690。
15 同上註，頁 689。
16 韓非原著，前引書，頁 317。

　　季孫大權在握，大家都看季孫的臉色說話，魯哀公聽不到其他的聲音。所以，魯國就越來越亂了。

八、法家的組織思想

（一）慎到的組織思想

慎到主張專業分工，如此，才能將事情做好。慎到說：

古者工不兼事，士不兼官。工不兼事則事省，事省則易勝；士不兼官則職寡，職寡則易守。故士位可世，工事可常。百工之子不學而能者，非生巧也，言有常事也。今也國無常道，官無常法，是以國家日繆。教雖成，官不足；官不足則道理匱，道理匱則慕賢智，慕賢智則國家之政要在一人之心矣。[1]

費堯提出的十二個管理原則，其中有一個也是專業分工，可知英雄所見略同。

（二）申不害的組織思想

申不害強調層層節制，不要越權。

申不害說：

---

1 慎到原著，前引書，頁1。

治不踰官，雖知不言。[2]

為了維護各級主管職權的完整性，不要越權，以免對各級主管的權威造成傷害。記得當年在陸軍官校接受入伍訓練時，有一天中午吃完午餐後，回到連部，實習值星班長多訓了我們幾分鐘的話，營長就在旁邊大吼:「邱連長，為什麼不遵守命令，讓入伍生早點休息？」連長聽了，馬上叫實習值星班長停止訓話，部隊解散，回寢室午休。已在空軍幼年學校混了三年的我，對這種事真是印象深刻。在空軍大概永遠看不到大隊長會當著學生的面，來修理中隊長。

（三）商鞅的組織思想

商鞅被秦孝公任命為左庶長後，即展開第一次變法。此次變法與組織功能有關的共有兩項：組織民戶與變領主為地主。

1.組織民戶

即重編戶籍，使五家為伍，十家為什。什伍之內，各家要互相糾察。如果，有一家作奸犯科，那麼別家就必須檢舉告發，倘若隱瞞不報，也要受連累而被重罰。[3]

2.變領主為地主

對於沒有軍功的宗室（貴族領主），商鞅一概廢除他們的名位，有軍功的宗室，則按軍功從新比敘尊卑爵秩等級，各自依

---

2 申不害原著，前引書，頁1。
3 商鞅原著，前引書，導讀頁10。

照爵秩等級佔有田宅臣妾（奴隸）。許多沒有軍功的貴族領主，因此失去特權，變為民戶中的富戶。有軍功的宗室，最高的爵位不能超過封侯。侯爵僅能收取食邑內的租稅，不能直接管理民事，也失去了原有的特權。從此，秦國由領主制度變為地主制度。[4]

九年後，商鞅進行第二次變法，此次變法中，與組織功能有關的有一項：歸併各小都、鄉邑、聚落為大縣。將全國劃分為四十一個縣，每縣設置一個縣令，掌管全縣的政事，消除領主政治的殘餘影響。[5]

商鞅施行各項政策，為確保施政得以成功，他非常重視組織文化的塑造與形成。

商鞅說：

凡用兵勝有三等：若兵未起則錯法，錯法而俗成，而用具。此三者必行於境內，而後兵可出也。[6]

「錯法」，就是制定法律及各種獎懲制度，「俗成」就是塑造「好戰」、「樂戰」的組織文化。

商鞅說：

入其國，觀其治，民用者強。奚以知民之用者也？民之見戰也，如餓狼之見肉，則民用矣。凡戰者，民之所惡也，能使民樂戰者王。強國之民，父遺其子，兄遺其弟，妻遺其夫，皆曰：「不得，無返。」又曰：「失法離令，若死我死。」鄉治之，行間無所逃，遷徙無所入。行間之治連以五，辨之以章，束之

---

4 商鞅原著，前引書，導讀頁 11。
5 商鞅原著，前引書，導讀頁 12。
6 同上註，頁 101。

以令，拙無所處，罷無所生。是以三軍之眾，從令如流，死而不旋踵。[7]

「民之見戰也，如餓狼之見肉。」這種軍隊，還真恐怖呢！

商鞅說：

富貴之門，必出於兵。是故民聞戰而相賀也，起居飲食所歌謠者，戰也。[8]

「民聞戰而相賀」，這是什麼情況？一般人不是聽到要打仗，就很無奈，心不甘、情不願嗎？而秦國人竟然聽到要作戰了，就相互道賀起來了。由此可見，商鞅非常重視塑造好戰、樂戰的組織文化。如此，秦國才能戰無不勝，攻無不克，終於併吞六國。

（三）韓非的組織思想

韓非和申不害一樣，也強調層層節制，韓非舉出了兩個實例：

a.搖木者，一一攝其葉，則勞而不徧；左右拊其本，而葉徧搖矣。臨淵而搖木，鳥驚而高，魚恐而下。善張網者，引其綱。若一一攝萬目而後得，則是勞而難；引其綱，而魚已囊矣。故吏者，民之本綱也，故聖人治吏不治民。[9]

---

7 商鞅原著，前引書，頁 150。
8 商鞅原著，前引書，頁 144。
9 韓非原著，前引書，頁 534。

b.救火者，令吏挈壺甕而走火，則一人之用也；操鞭箠而趣使人，則制萬夫。是以聖人不親細民，明主不躬小事。[10]

韓非以魚網比喻組織，是蠻傳神的。一張魚網的綱繩就像組織的指揮系統，指揮系統發出指令，整個組織就動了起來，執行任務，完成工作。

韓非也強調指揮統一原則。韓非說：「一家二貴，事乃無功。夫妻持政，子無適從。」[11]

就像那首台語歌所說的：「阿公要煮鹹，阿嬤要煮淡」那媳婦如何是好呢？幸好，在家裡，比較不會有什麼緊急狀況，需要馬上做決定，大家可以商量。對國家來說，可能就不一樣了。遇到緊急狀況，到底要聽誰的？由誰來拍板定案呢？韓非舉出了一個實例：

韓宣王謂樛留曰：「吾欲兩用公仲、公叔，其可乎？」對曰：「不可。晉用六卿而國分，簡公兩用田成、闞止而簡公殺，魏兩用犀首、張儀而西河之外亡。今王兩用之，其多力者樹其黨，寡力者借外權。群臣有內樹黨以驕主，有外為交以裂地，則王之國危矣。」[12]

人類社會和動物社會一樣，總是要確認誰是老大。聖經中記載：

他們來到迦百農。耶穌在屋裡問門徒說，你們在路上議論的是什麼。門徒不作聲、因為他們在路上彼此爭論誰為大。

---

10 韓非原著，前引書，頁535。
11 韓非原著，前引書，頁61。
12 韓非原著，前引書，頁240。

耶穌坐下、叫十二個門徒來、說、若有人願意作首先的、他必作眾人末後的、作眾人的用人。[13]

不過,有誰有耶穌那樣的胸襟與肚量呢?

韓非也強調分工,他舉出了兩個實例:

a.子產相鄭,簡公謂子產曰:「飲酒不樂也,俎豆不大,鍾鼓竽瑟不鳴,寡人之事也。國家不定,百姓不治,耕戰不輯睦,亦子之罪。子有職,寡人亦有職,各守其職。」[14]

b.齊桓公之霸也,內事屬鮑叔,外事屬管仲。桓公被髮而御婦人,日遊於市。[15]

鄭簡公還跟真的一樣,煞有其事,要負責很多事情,原來也和齊桓公一樣,只負責玩而已。君臣各守其職,國家就搞定了。

韓非也強調不得越權。他舉出了一個實例:

昔者韓昭侯醉而寢,典冠者見君之寒也,故加衣於君之上。覺寢而說,問左右曰:「誰加衣者?」左右對曰:「典冠。」君因兼罪典衣與典冠。其罪典衣,以為失其事也;其罪典冠,以為越其職也;非不惡寒也,以為侵官之害甚於寒。[16]

封建社會,最怕人民造反,官吏越權。所以典冠被治以重刑。在今日企業組織中,員工彼此支援是極其平常的事,顯示大家團結合作,發揮團隊精神,真是大大不同了。

韓非也非常重視塑造好戰、樂戰的組織文化。

13　《聖經》,〈馬可福音〉,第九章,第三十三節。見《聖經》,〈台北:台灣聖經公會,2011 年〉,新約頁 61。
14　韓非原著,前引書,頁 431。
15　同上註,頁 528。
16　韓非原著,前引書,頁 52。

韓非說：

今秦出號令而行賞罰，有功無功相事也，出其父母懷衽之
中，生未嘗見寇耳，聞戰，頓足徒裼，犯白刃，蹈鑪炭，斷死
於前者，皆是也。夫斷死與斷生者不同，而民為之者，是貴奮
死也。夫一人奮死可以對十，十可以對百，百可以對千，千可
以對萬，萬可以剋天下矣。[17]

民「奮死」與民「畏死」真的差很多。秦民「奮死」，因此，
可以併吞六國，完成統一大業。

---

17 韓非原著，前引書，頁3。

九、法家的用人思想

選用人才的標準是「品德」還是「能力」還是要「才德兼備」呢？

儒家比較偏重「品德」。孔老夫子認為：當政者要以德治天下，如此，才能得到大家的愛戴。他說：

「為政以德，譬如北辰，居其所，而眾星拱之。」[1]

荀子也認為國家要選拔有仁德且有智慧、思慮周密的官吏，來治理國家，國家才能太平安康。荀子說：

故其知慮足以治之，其仁厚足以安之，其德音足以化之。得之則治，失之則亂。[2]

春秋時代，晉國羊舌肸評論周朝的單靖公，說道：

居儉動敬，德讓事咨，而能避怨，以為卿佐，其有不興乎！[3]

這種說法與孔老夫子的「溫良恭儉讓」[4]類似。不過，他也強調：「事咨」，即遇事要諮詢別人的意見，不要一意孤行。

---

[1] 《論語・為政第二》，見謝冰瑩等編譯，《新譯四書讀本》，〈台北：三民書局，2008 年〉，頁 75。

[2] 《荀子・富國篇》，見王忠林注譯，《新譯荀子讀本》，〈台北：三民書局，2009 年〉，頁 153。

[3] 《國語・周語下》，見馬京蘇等著，《中國管理思想》，〈台北：生智文化公司，2000 年〉，頁 367。詳見易中天注譯，《新譯國語讀本》，〈台北：三民書局，2006 年〉，頁 80。

[4] 《論語・學而第一》，見謝冰瑩等編譯，前引書，頁 71。

綜合上述的說法，可知儒家選用人才，非常重視品德。

兵家選拔將帥則希望能才德兼備。例如：孫子強調：智、信、仁、勇、嚴。[5]　姜太公則重視五材，即：勇、智、仁、信、忠。[6]

將帥掌握兵權，選才豈能不慎，若所用非人，將危及國家。

戰國時代，秦軍攻趙，趙國派老將廉頗領軍抗敵。廉頗採用守勢戰略，以疲秦軍。後趙王中秦相應侯的反間計，派趙奢子趙括取代廉頗。趙括的母親—老太君期期以為不可，但趙王不為所動。後來，秦將白起大破趙軍，坑殺趙軍四十萬人，是為「長平之役」。[7]

用錯人，尤其是用錯將帥，真是會造成生靈塗炭，使國家萬劫不復。所以，兵家要求將帥要才德兼備。

法家的用人思想是重才不重德，與重視品德的儒家正好相反。商鞅說：

「故凡明君之治也，任其力不任其德，是以不憂不勞，而功可立也。」[8]

申不害說：

「法者，見功而與貴，因能而受官。」[9]

5　《論語‧始計篇第一》，見黃營杉撰，《我國兵家之管理思想》，頁251。
6　《六韜‧論將第十九》，見黃營杉撰，前引論文，第二五一頁。詳見：鄔錫非注譯，《新譯六韜讀本》，〈台北：三民書局，2003年〉，頁83。
7　《史記‧白起王翦列傳第十三》，見司馬遷原著，王利器等譯注，《史記‧列傳一》，〈台北：台灣古籍出版公司，2005年〉，頁430。
8　《商君書‧錯法第九》，見商鞅原著，前引書，頁95。
9　申不害原著，前引書，頁1。

　　為什麼法家和儒家有如此大的差異呢？或許，可從唐朝魏徵對唐太宗所說的一段話中，找出端倪：

　　魏徵說：

　　「亂世惟求其才，不顧其行。太平之時，必須才行俱兼，始可任用。」[10]

　　申不害與商鞅身處烽火四起的戰國時代，是個亂世，所以，他們強調能力、才幹。而早期儒家處於相對較安定的春秋時代，所以，儒家較重視品德。

　　韓非與申不害、商鞅一樣，也強調人才的能力與才幹。

　　韓非的論點如下：

a. 群臣守職，百官有常，因能而使之，是謂習常。[11]

b. 桓公謂管仲曰：「官少而索者眾，寡人憂之。」管仲曰：「君無聽左右之請，因能而授祿，錄功而與官，則莫敢索官，君何患焉？」[12]

c. 郢人有遺燕相國書者，夜書，火不明，因謂持燭者曰：「舉燭」云，而過書「舉燭」。「舉燭」，非書意也，燕相受書而說之，曰：「舉燭者，尚明也，尚明也者，舉賢而任之。」燕相白王，王大說，國以治。[13]

d. 衛靈公之時，彌子瑕有寵於衛國，侏儒有見公者，曰：「臣之夢踐矣。」公曰：「奚夢？」「夢見竈者，為見公也。」公怒曰：「吾聞見人主者夢見日，奚為見寡人而夢見竈

---

10 《貞觀政要‧擇官第七》，見許道勳注譯，《新譯貞觀政要》，〈台北：三民書局，2000 年〉，頁 49。

11 韓非原著，前引書，頁 33。

12 同上註，頁 464。

13 韓非原著，前引書，頁 424。

乎？」侏儒曰：「夫日兼照天下，一物不能當也。人君兼照一國，一人不能壅也，故將見人主而夢日也。夫竈，一人煬焉，則後人無從見矣。或者一人煬君邪？則臣雖夢竈，不亦可乎？」公曰：「善。」遂去雍鉏，退彌子瑕，而用司空狗。

或曰：侏儒善假於夢以見主道矣，然靈公不知侏儒之言也。去雍鉏，退彌子瑕，而用司空狗者，是去所愛而用所賢也。[14]

以上四則，均強調任用賢能之士，才能使國家臻於富強。

若所用非人，則國家將陷入危亡之境地。韓非的論點如下：

a. 亂主則不然，不知其臣之意行，而任之以國，故小之名卑地削，大之國亡身死，不明於用臣也。[15]

b. 魯哀公問政於仲尼，仲尼曰：「政在選賢。」子貢問曰：「何也？」仲尼曰：「魯哀公有大臣三人，外障距諸侯四鄰之士，內比周而以愚其君，使宗廟不掃除，社稷不血食者，必是三臣也，故曰政在選賢。」[16]

魯哀公有孟孫氏、叔孫氏和季孫氏三位大臣，彼此爭權奪利，使國家趨於混亂，所以，孔子要魯哀公注意選拔賢能之士。

韓非除了強調要選用賢能之士外，也強調「順天應人」的用人之道。韓非說：

「聞古之善用人者，必循天、順人，而明賞罰。循天則用力寡而功立，順人則刑罰省而令行，明賞罰則伯夷、盜跖不亂，如此，則白黑分矣。」[17]

---

14 韓非原著，前引書，頁614。
15 韓非原著，前引書，頁648。
16 同上註，頁691。
17 韓非原著，前引書，頁296。

韓非排斥結黨營私的人，韓非說：

「故其用人也，不取同；同則君怒。」[18]

韓非要君王能讓大家貢獻出所有的智慧。韓非說：「下君，盡己之能，中君，盡人之力，上君，盡人之智。」[19]

有些老闆每天從早到晚，忙個不停，好像什麼都會，很能幹的樣子。然而，這只算是「盡己之能的下君」。有些主管讓部屬忙東忙西的，累得要命。有句話說：「將帥無能，累死三軍」。馬英九先生在擔任台北市長時的名言：「女生當男生用，男生當畜牲用。」好像也在強調，運用部屬的體力。在韓非看來，他只是「盡人力的中君」。要做到「盡人之智」的上君，真不簡單啊！

韓非認為經營者要努力的去發掘人才，網羅人才。

韓非舉出了一個實例：

齊桓公之時，晉客至，有司請禮，桓公曰「告仲父」者三。而優笑曰：「易哉為君！一曰仲父，二曰仲父。」桓公曰：「吾聞君人者勞於索人，佚於使人。吾得仲父已難矣，已得仲父之後，何為不易乎哉？」[20]

劉備為了請諸葛亮下山，「三顧茅廬」，成為千古佳話。「勞於索人」是也。

韓非也強調「外舉不避仇，內舉不避親。」，韓非說：

---

18 韓非原著，前引書，頁691。
19 同上註，頁690。
20 韓非原著，前引書，頁572。

「聖王明君則不然，內舉不避親，外舉不避仇。是在焉，從而舉之；非在焉，從而罰之。是以賢良遂進，而姦邪並退。」[21]

韓非列舉了兩個例子：

a.中牟無令，晉平公問趙武曰：「中牟，晉國之股肱，邯鄲之肩髀，寡人欲得其良令也，誰使而可？」武曰：「邢伯子可。」公曰：「非子之讎也？」曰：「私讎不入公門。」公又問曰：「中府之令，誰使而可？」曰：「臣子可。」故曰：外舉不避讎，內舉不避子。[22]

b.解狐薦其讎於簡主以為相，其讎以為且幸其釋己也，乃因往拜謝。狐乃引弓逆而射之，曰：「夫薦汝，公也，以汝能當之也。夫讎汝，私怨也，不以私怨壅汝於吾君。故私怨不入公門。」[23]

趙武、解狐真偉大，有那種寬宏的胸襟，推薦仇人擔任要職，是我們的典範。

韓非也將申不害的「用術」運用在招募人才上。他舉出了兩個例子：

a.王登為中牟令，上言於襄主曰：「中牟有士曰中章、胥己者，其身甚修，其學甚博，君何不舉之？」主曰：「子見之，我將以為中大夫。」相室諫曰：「中大夫，晉重列也；今無功而受，非晉國之故。君其耳，而未之目邪？」襄主曰：「我取登，既耳而目之矣；登之所取，又耳而目之，是耳目人終無已也。」[24]

---

21 韓非原著，前引書，頁647。
22 韓非原著，前引書，頁470。
23 同上註，頁472。
24 韓非原著，前引書，頁426。

若信得過王登，就不必自己再做確認了，趙襄子深諳用人之道。

b.茲鄭子引輦上高梁，而不能支。茲鄭踞轅而歌，前者止，後者趨，輦乃上。使茲鄭無術以致人，則身雖絕力至死，輦猶不上也。今身不至勞苦，而輦以上者，有術以致人之故也。[25]

「有術以致人」，領導者要發揮個人的群眾魅力，方可形成一個緊密合作的組織，有極高的向心力。

韓非認為不要以貌取人。他舉出了一個實例：

澹臺子羽，君子之容也，仲尼幾而取之，與處久，而行不稱其貌。宰予之辭，雅而文也，仲尼幾而取之，與處，而智不充其辯。故孔子曰：「以容取人乎？失之子羽；以言取人乎？失之宰予。」[26]

韓非舉的這個例子有點問題，有的說法是說：子羽長得很醜，但能力很強，若以貌取人的話，子羽一定會落選。所以，不可以貌取人。

韓非認為主管要信任部屬，他列舉了兩個例子：

a.齊景公游少海，傳騎從中來謁曰：「嬰疾甚，且死，恐公後之。」景公遽起，傳騎又至。景公趨駕煩且之乘，使騶子韓樞御之。行數步，以騶為不疾，奪轡代之御；可數百步，以馬為不進，釋車而走。以煩且之良，而騶子韓樞之巧，而以為不如下走也。[27]

---

25 韓非原著，前引書，頁538。
26 同上註，頁470。
27 韓非原著，前引書，頁433。

　　有些主管，是急性子，看到部屬動作慢，怕部屬做不好，乾脆，自己來。有時，真的要忍下來，讓部屬慢慢學習，才有成長的機會。

　　b. 子之相燕，貴而主斷。蘇代為齊使燕，燕王問之曰：「齊王亦何如主也？」對曰：「必不霸矣。」燕王曰：「何也？」對曰：「昔桓公之霸也，內事屬鮑叔，外事屬管仲。桓公被髮而御婦人，日遊於市。今齊王不信其大臣。」於是燕王因益大信子之。子之聞之，使人遺蘇代金百鎰，而聽其所使之。[28]

　　除了信任部屬，還要尊重部屬，不要把部屬當奴才。韓非舉了一個例子：

　　文王伐崇，至鳳黃虛，襪繫解，因自結。太公望曰：「何為也？」王曰：「上君與處，皆其師，中皆其友，下盡其使也。今皆先君之臣，故無可使也。」[29]

　　把身邊的人，都當作自己的老師，文王也太謙虛了吧！不過，也只有如此，才能成就大業。

　　人才須要磨練，所以，韓非強調要從基層做起。韓非的論點如下：

　　a. 官襲節而進，以至大任，智也。[30]

　　b. 故明主之吏，宰相必起於州部，猛將必發於卒伍。[31]

　　韓非也舉了一個實例，來說明基層磨練的重要性：

---

28 韓非原著，前引書，頁 528。
29 同上註，頁 456。
30 同上註，頁 692。
31 同上註，頁 741。

徐渠問田鳩曰：「臣聞智士不襲下而遇君，聖人不見功而接上。今陽成義渠，名將也，而措於屯伯；公孫亶回，聖相也，而關於州部，何哉？」田鳩曰：「此無他故異物，主有度，上有術之故也。且足下不聞楚將宋觚而失其政，魏相馮離而亡其國。二君者，驅於聲詞，眩乎辯說，不試於屯伯，不關乎州部，故有失政亡國之患。由是觀之，夫無屯伯之試，州部之關，豈明主之備哉！」[32]

日本經營之神松下幸之助也非常重視基層的磨練，有一個實例：**武久逸郎事件**

武久逸郎是松下的鄰居，原是位米店的老闆。後來，他想擴大營業，做批發，於是來找松下請教。幾次交談後，武久反而對松下的事業有了興趣，想進入電器這個行業。這時，松下正成立電熱部，於是就請武久出任電熱部經理。當時，電熱部推出「超級電熨斗」，月銷一萬只，在市場一枝獨秀。大家都以為電熱部一定很賺錢。然而，定期結算，卻發現虧損。松下檢討原因，可能是高估了武久的經營才能，於是，撤除武久的經理職務，改派他到營業部當職員，從基層做起。[33]

這事件發生在松下創業的早期階段，給松下一個很大的教訓，於是松下規定，新進人員，一律從基層做起，經過訓練與定期考核，才能逐級晉升。

---

32 韓非原著，前引書，頁 629。
33 王志剛著，前引書，頁 145-150。

十、法家的領導統御思想

（一）領導統御的文獻檢討

「領導統御」這個說法，較盛行於軍中，一般企業，比較多談「領導」，而少談「統御」。美軍近來也用「領導」取代「統御」，美國陸軍準則中也提及：統御已漸漸為領導所取代。[1]

在戰國時代，還沒有「領導」這個名詞，《慎子》、《申子》、《商君書》與《韓非子》中都沒有出現。甚至到了唐朝的《貞觀政要》中，也沒有它的蹤影。我認為：「領導」是從英文「Leadership」翻譯過來的，譯者可能是清末民初的嚴復先生，當然，這點有待進一步考證。

在民國四十五年所出版的《國軍軍語辭典》，還把「Leadership」翻譯成「領導作用」呢！[2]

在《韓非子》書中，非但看不到「領導」一詞，甚至也看不到「統御」這兩個字。韓非用的是：「御」，如：**有術以御**

1 Morris Janowitz 著，洪陸訓等譯，《專業軍人─社會與政治的描述》，〈台北：黎明文化公司，1998〉，頁 41。
2 國防部國軍軍語辭典編審委員會編審，《國軍軍語辭典》，〈台北：武學書館，1956〉，頁 72。

之；[3]有時，也用「將」，如：將眾者不出乎莫不然之數，而道乎百無一人之行；[4]韓非也喜歡用「制」，如：人主者，以刑德制臣者也；[5]韓非還會用「牧」，如：此聖王之所以牧臣下也。[6]當然，嚴格來說，這幾個字的意思多少還是有點不一樣，不過，基本上，都是指涉領導、駕御、控制與治理等這些意義相近的詞彙。

在《貞觀政要》中，也看不到「統御」一詞。其常用者，有：「御」、「控御」、「驅使」、與「驅御」等。如：設禮以待之，執法以御之，為善者蒙賞，為惡者受罰，安敢不企及乎？安敢不盡力乎？[7]

至於「統御」一詞，出自何處，姑暫不考。不過，先總統　蔣中正可能是談論它最多的。如：「總要把所帶的兵，放在自己掌握之中，叫他東就東、叫他西就西、叫他生就生、叫他死就死，使得他不偷生、不怕死才行；……，其實，只要帶兵官長，待遇士兵，像待遇自己子弟一樣，誠心御下，竭力奉行，沒有弄不好的。」[8]在中國古籍中最早談論領導統御這個話題者，當推《易經》。在《易經》六十四卦當中，有三十五卦均有論及領導統御。茲以〈明夷卦〉為例，說明如下：

3　韓非原著，前引書，頁 536。

4　同前註，頁 580。

5　韓非原著，前引書，頁 50。

6　同前註，頁 65。

7　吳兢原著，許道勳注譯，《新譯貞觀政要・擇官第七》，〈台北：三民書局，2000年〉，頁 174。

8　南懷謹主編，鄧文儀輯，《先總統蔣中正治兵語錄》，〈台北：老古文化公司，1987年〉，頁 148。

明夷卦的卦形為：「　　　　」，下卦「　　　　」為離，上卦「　　　　」為坤。離為日，坤為地，日在地之下，象徵黃昏時，視線逐漸昏暗不明。所以，明夷卦的詞意為：「光明殞傷」。[9]明夷卦的〈象〉辭說：「明入地中，明夷；君子以莅眾，用晦而明。」[10]

「君子」乃指國君，「莅眾」為莅臨眾人，乃治理眾人之意。所以，此〈象〉辭的意思，就是說：國君治理眾人，要藏其明智，以免過察而傷眾，這正是容物和眾的寬容態度。換句話說，就是要睜一隻眼，閉一隻眼，大人不計小人過。在《貞觀政要》中，唐代碩儒孔穎達也藉此卦的〈象〉辭：「以明夷莅眾。」來期勉唐太宗。[11]

西方談論領導統御的大師當推馬基雅維里這位西方的韓非子，在他的曠世名著《君王論》之中，暢談一國之君的為君之道。除了對外要如何縱橫捭闔，以謀求國家的生存、發展；對內要如何建立軍隊與法制之外，也談到許多有關領導統御的原則與方法。

馬基雅維里生於十五世紀的義大利，當時，義大利正處於諸侯割據的戰國時代，馬基雅維里一姓是義大利佛羅倫斯的名門望族。馬基雅維里曾任佛羅倫薩共和國的國務卿，掌管國防和外交事務，十四年後被罷黜，抑鬱以終。所以，他的背景和韓非相當類似。

9　郭建勳注譯，《新譯易經讀本》，〈台北：三民書局，2004 年〉，頁 281。
10　同上註，頁 282。
11　吳兢原著，許道勳注譯，《新譯貞觀政要》，〈台北：三民書局，2000 年〉，頁 356。

　　巧的是：馬基雅維里和韓非一樣，也是位「人性自利論」者，馬基雅維里說：「一般說來，人都善於忘恩負義、反覆無常、裝模作樣、虛情假意、避險唯恐不及，逐利卻不甘人後，……。」[12]甚至，馬基雅維里還直指人性本惡，馬基雅維里說：「人們冒犯一個自己愛戴的人要比冒犯一個自己畏懼的人要較少顧慮，因為愛戴維繫於恩義，而由於人性之惡，人們隨時都會為了自身利益而忘恩負義，但是畏懼之心，卻會由於害怕必定降臨的懲罰而持之以恆。」[13]韓非雖然沒有明確表示人性本惡，但因自利會導致「殺女嬰」、「誅政敵」等惡行，所以，韓非也可以說是位性惡論者了。

　　在論及領導統御時，兩人的論點也有許多相同之處。如：在《韓非子》書中提到：齊景公與晏子論及田氏坐大且有取而代之之虞時，景公不禁落淚，晏子則建議景公行仁政，以與田氏爭取民心。韓非批評道：「景公不知用勢，晏子不知除患。」[14]對於這個議題，馬基雅維里也認為：「為了保住自己的地位，君主必須學會用權而不仁，但要明白何時當仁，何時當不仁。」[15]

　　近代，西方研究領導理論的學者非常的多，領導理論有了長足的進步。茲列舉其中較著名者，如下：

1.特徵理論

　　很多研究人員希望用一些特徵來形容一位優秀的領導者，如：智力、決斷、熱誠、強壯、勇敢、品德、自信等。綜合的

---

12 馬基雅維里原著，閻克文譯，《君主論》，〈台北：商務印書館，1998 年〉，頁83。
13 同上註，頁84。
14 韓非原著，前引書，頁481。
15 馬基雅維里原著，前引書，頁76。

結論是：有效能的領導者，須三分之一是童子軍、三分之二是耶穌基督。[16]

　　另一個研究顯示：智力、支配慾、自信、體力充沛以及與任務相關的智識是五項和領導效能呈正相關的特徵，相關係數介於+0.25～+0.35 之間。[17]

2.俄亥俄州大學的研究

　　研究人員將領導風格分為兩個構面：「體制型」與「體諒型」。「體制」是領導者在達成目標的追求中可能去界定自己和部屬角色的程度。其中的行為包括試圖去組織各項工作、工作間的關係和達成各項目標的行為。「體制」程度高的領導者可用下面的話來描述：將各項任務指派給群體中的各個成員；期望部屬的績效能維持在某個標準；重視完成期限。

　　「體諒」指領導者希望各項工作之間的關係能夠互相依賴的程度，以及關心部屬的感覺，尊重其想法的程度。也就是關心其部屬的舒適、福利、地位與滿足感的程度。

　　基於這些定義所進行的廣泛研究中發現：體制和體諒程度皆高的領導者，比體制或體諒有一項低的領導者，其部屬的績效和滿足感都較高。[18]

3.密西根大學的研究

　　本研究的研究目標是要找出高效能領導者的行為特徵。研究人員找出和領導行為有關的兩項構面，即員工導向與生產導

---

16 Stephen P. Robbins 著，李茂興譯，《管理概論》,〈台北：曉園出版社，1992年〉，頁312。
17 同前註。
18 Stephen P. Robbins 原著，前引書，頁322。

向。員工導向指領導者強調人際關係、關心部屬的需求,並且接受成員當中有個體差異性存在。對照之下,生產導向則指領導者強調工作的技術面與任務面,群體任務之完成是他們最為關心的,而且視群體成員為達成目的之工具。

　　密西根大學的研究結論中,強烈的贊成員工導向的領導者。員工導向的領導者與較高的群體生產力和較高程度的工作滿足感有關聯性;生產導向的領導者與較低的群體生產力和較低的工作滿足感有關聯性。[19]

4.管理方格

　　以兩構面的圖形方式來研究領導風格,起始於布雷克與莫頓。他們以「關心部屬」和「關心生產」這兩種構面,提出「管理方格」。如右圖(10-1)所示

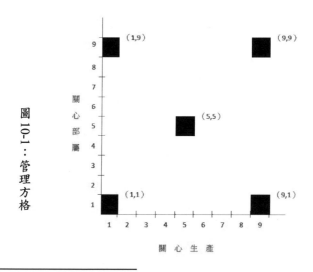

圖10-1：管理方格

---

19 Stephen P. Robbins 原著,前引書,頁322。

布雷克與莫頓指出其中五種風格：

A. （1，1）型：無為型——領導者盡最少的力去完成工作。

B. （9，1）型：壓榨型——領導者專注於任務效率，很少去關心部屬的士氣。

C. （1，9）型：懷柔型——領導者專注於關心及支持部屬，而不關心任務的效率。

D. （5，5）型：中庸型——適度的任務效率與令人滿意的部屬士氣。

E. （9，9）型：團隊型——藉著協調與整合所有與工作有關的活動，領導者既推動任務效率，也顧及部屬士氣。

布雷克與莫頓在研究的結論中，認為採取（9，9）型的領導風格，會有最好的績效。[20]

5.費德勒的權變理論（Contigency theory）

費德勒研究不同領導風格的績效，找出了三種情境構面：

A.領導者與部屬的關係——部屬對於領導者信任、有信心以及尊敬的程度。

B.結構——將工作指派加以程序化的程度。

C.權力——領導者對於雇用、解雇、訓練、晉升、加薪等情形的影響程度。

費德勒以這三種情境構面的好、壞；高、低與強、弱，形成八種情境組合，如表 10-2。

---

20 Stephen P. Robbins 原著，前引書，頁 323。

表 10-2　八種情境組合

組合	I	II	II	IV	V	VI	VII	VIII
領導與部屬的關係	好	好	好	好	差	差	差	差
任務結構	高	高	低	低	高	高	低	低
職位權力	強	弱	強	弱	強	弱	強	弱

　　費德勒指出，任務導向的領導者在情境組合對他最有利以及最不利的情形下（組合 I、II、III、VIII）績效較好。人際關係導向的領導者在情境組合適中的條件下（組合IV、V、VI、VII），績效較好。[21]

　　當代管理大師彼得・杜拉克在他的大作：《 Managing the Non-Profit Organization 》中，談到非營利組織的管理，其中最

---

21 Stephen P. Robbins 原著，前引書，頁 326。

重要的兩件事：認清組織的使命與任務以及組織中專職人員與志工的領導統御。所以，該書的中譯本將書名訂為：《彼得‧杜拉克：使命與領導——向非營利組織學習管理之道》。

彼得‧杜拉克在本書中強調對非營利組織來說，由於志工佔全體員工的比率大增，而且也逐漸擔任高階的管理工作，所以，主管在督導工作人員時，愈揚棄往日那種訴諸畏懼、懲戒、降級處分或不予升職的手段，就愈要著重讓工作人員明瞭自己的任務，全心負起責任。[22]這種領導方式，對知識工作者日益增多的企業組織有很大的啟發作用。

接著，我們回頭來看法家的領導統御思想：

（二）慎到的領導統御思想

慎到是法家「任勢」派的創立者，「勢」即權勢、勢位，領導者掌握權勢，則可掌控部屬。慎到說：「故騰蛇游霧，飛龍乘雲；雲罷霧霽，與蚯蚓同；則失其所乘也。故賢而屈於不肖者，權輕也；不肖而服於賢者，位尊也。堯為匹夫，不能使其鄰家；至南面而王，則令行禁止。由此觀之，賢不足以服不肖，而勢位足以屈賢矣。」[23]

慎到分析國君能「令行禁止」，乃因他擁有很大的權勢，據有很高的勢位。國君要妥善運用它，若一旦失勢，就好像煙消

---

22 彼得‧杜拉克著，余佩珊譯，《使命與領導——向非營利組織學習管理之道》，〈台北：遠流出版社，2004 年〉，頁 243。

23 慎到原著，前引書，頁 1。

雲散了，無法騰雲駕霧的飛龍，就飛不起來了，則「與蚯蚓同」。豈不哀哉！

（三）申不害的領導統御思想

申不害是法家「用術」派的創始人，但他談領導統御，則不只「用術」而已，且兼具「尚法」與「任勢」的觀點。分述如下：

1.尚　法

申不害說：「*君必明法正義，若懸權衡以稱輕重，所以一群臣也。*」[24]

國君一定要昭明法令、端正合宜的行為規範，就好像設置磅秤，來稱物體的輕重，如此，就可以讓百官有一個共同的規範。

用法令來約束、管控百官，可以說是最簡單易行的方法。

2.任　勢

申不害說：「*君之所以尊者令。令之不行，是無君也。故明君慎之。*」[25]

我們常說：「軍令如山」，將帥發出的命令一定要執行、一定要遵守。國君的命令更是如此，若國君發出的命令，沒人理

---

24 申不害原著，前引書，頁2。
25 同上註。

會的話，那這個國君就不成其為國君了。國君要有國君的威勢，絕不容許臣子不聽指揮。

3.用　術

申不害是法家「用術」派的創始人，「術」乃權術，運用在領導統御方面，有一個重點就是要把自己「藏」起來，以免被部屬摸清你，然後，再來陷害你。申不害說：

> 「上明，見人備之；其不明，見人惑之。其知，見人餝之；其不知，見人匿之。其無欲，見人伺之；其有欲，見人餌之。故曰：吾無從知之，惟無為可以規之。」[26]

當國君真是不簡單，「明」不是，「不明」也不是。「知」不是，「不知」也不是。「無欲」不是，「有欲」更不是。所以，只好把自己徹底的「藏」起來，就不會受到部屬的算計。

記得，前陣子看日劇《篤姬》，日本德川幕府末代大將軍家茂將軍說道：他年紀輕輕，才二十一歲，可是已經被下毒無數次，每天都生活在恐懼之中。唉！這要怪誰呢？誰叫你是位高權重的大將軍呢！

（四）商鞅的領導統御思想

商鞅有關領導統御的思想，也可區分為「尚法」、「任勢」與「用術」三方面，分述如下：

---

26 申不害原著，前引書，頁1。

1.尚　法

商鞅說：「聖人之為國也，壹賞、壹刑、壹教。壹賞則兵無敵，壹刑則令行，壹教則下聽上。」[27]

商鞅說：「所謂壹賞者，利祿、官爵摶出於兵，無有異施也。夫固知愚、貴賤、勇怯、賢不肖，皆盡其胸臆之知，竭其股肱之力，出死而為上用也。天下豪傑賢良，從之如流水，故兵無敵，而令行於天下。」[28]

商鞅以法令明定立有戰功者，可獲重賞；有不從王令、犯國禁、亂上制者，罪死不赦；在重賞重罰下，秦民一個口令，一個動作，「出死而為上用」。

2.任　勢

商鞅說：「聖人知必然之理，必為之時勢，故為必治之政，戰必勇之民，行必聽之令。是以兵出而無敵，令行而天下服從。」[29]

看看商鞅的氣勢，多麼有自信，多麼有威嚴，領導統御一支所向無敵的秦軍，真是開心啊！

3.用　術：

商鞅說：「主操名利之柄而能致功名者，數也。聖人審權以操柄，審數以使民。數者，臣主之術而國之要也。故萬乘失數而不危，臣主失術而不亂者，未之有也。」[30]

---

27 商鞅原著，前引書，頁137。
28 同前註，頁138。
29 商鞅原著，前引書，頁157。
30 商鞅原著，前引書，頁67。

　　商鞅認為君主掌握獎賞權，就可以誘使臣民努力工作、奮勇殺敵；不可亂用它，該賞的就賞；不該賞的，就不要賞。如此，國家才不會亂。

　　商鞅說：「明主之使其臣也，用之必加於功，賞必盡其勞。人主使其民信如日月，則無敵矣。」[31]

　　商鞅認為：君王只要讓人民相信所付出的一切努力，都可以得到回報，那就可以天下無敵了。

　　商鞅說：「鄉治之，行間無所逃，遷徙無所入。行間之治連以五，辨之以章，束之以令，拙無所處，罷無所生。是以三軍之眾，從令如流，死而不旋踵。」[32]

　　商鞅認為：運用管制戶籍、什伍連坐、服裝標章等各種措施來管控軍人，讓他們「從令如流，死而不旋踵。」

　　商鞅說：「所謂明者，無所不見，則群臣不敢為姦，百姓不敢為非。是以人主處匡床之上，聽絲竹之聲，而天下治。」[33]

　　如何能「無所不見」呢？商鞅獎勵告姦，「周官之人知而訐之上者，自免於罪，無貴賤，尸襲其官長之官爵、田祿。」[34]多好啊！若一位縣府的員工，知道縣長貪贓枉法，去檢舉的話，就可以當縣長，還可得到縣長的田產。那誰會知情不報呢？因此，「群臣不敢為姦」了。這個方法不錯吧！可惜，現代已不流行了！

---

31 商鞅原著，前引書，頁 176。
32 同前註，頁 150。
33 商鞅原著，前引書，頁 155。
34 同上註，頁 141。

　　另外，就是「什伍連坐」，商鞅編組民戶，五家為伍，十家為什，什伍之內，要彼此監視，若有一家犯法，其他家沒有舉發的話，則與犯法者同罪，也要受到處罰。因此，「百姓不敢為非」了。

　　如此一來，不論官員還是百姓都不敢犯法，天下也就太平了。

（五）韓非的領導統御思想

　　韓非的領導統御思想也可分為「尚法」、「任勢」與「用術」三部分。說明如下：

1.尚　　法

　　「法」是法家的招牌，當然也可用於領導統御上。部屬一旦犯錯，那也不用心軟，該怎麼辦，就怎麼辦！

　　韓非說：「明君之蓄其臣也，盡之以法，質之以備；故不赦死，不宥刑；赦死宥刑是謂威淫，社稷將危，國家偏威。」[35]韓非舉了兩個例子，來說明公正執法對領導統御的重要性。

(1)晉文公 vs. 顛頡

　　春秋時代，有一天，晉文公和舅父狐偃討論如何才能讓人民勇於作戰，最後的結論是：要做到「信賞必罰」而且要「不辟親貴，法行所愛。」第二天，要去圍陸打獵，晉文公就與眾

---

35 韓非原著，前引書，頁30。

大臣約定中午集合，遲到者要以軍法處置。第二天，有位晉文公的寵臣名顛頡者，遲到了，執法的官吏，向晉文公報告顛頡的罪狀，請文公發落，文公是一把鼻涕、一把眼淚，實在捨不得辦他。執法的官吏就說：「請執行死刑。」於是，就把顛頡給腰斬了。[36]晉國百姓知道這件事情後，大家都很害怕，心想連晉文公的寵臣犯法都被腰斬了，誰還敢不聽軍令呢？

　　經過這次事件後，晉文公知道民氣可用，於是，發動對外戰爭，連打了八次勝仗，遂成為春秋五霸之一。

(2)楚共王 vs. 司馬子反

　　楚共王與晉厲公戰於鄢陵，楚師敗，而共王傷其目，酣戰之時，楚將司馬子反渴而求飲，宮中小臣穀陽拿酒而進之，子反曰：「嘻，退，酒也。」穀陽曰：「非酒也。」子反受而飲之。子反之為人也，嗜酒而甘之，弗能絕於口，而醉。戰既罷，共王欲復戰，令人召司馬子反，司馬子反辭以心疾。共王駕而自往，入其幄中，聞酒臭而還，曰：「今日之戰，我已受傷，所恃者司馬也，而司馬又醉如此，是亡楚國之社稷，而不恤吾眾也。我無與復戰矣。」於是還師而去，斬司馬子反以為大戮。[37]

　　軍人陣前喝酒，貽誤軍機，豈可原諒，只有斬了再說。否則，軍紀何以維持？軍令又如何貫徹呢？

　　上述兩個故事，說明「法」是領導統御的基礎，君主一定要依法辦事，不得有絲毫「不忍人」之心，「諸葛亮揮淚斬馬謖」，該斬就斬，否則，如何領導統御部屬呢？

---

36 韓非原著，前引書，頁509。
37 韓非原著，前引書，頁75。

2.任　勢

　　如前所述,「勢」就是權勢,君主要妥善運用權勢,才能掃除各種可能的危機,有效的領導統御部屬,確保自己的地位。韓非從五方面來談如何運用「勢」:

(1)大權不可旁落

　　君主一定要牢牢掌握住權勢,若大權一旦旁落,則國家就會動盪不安,而且連自己的性命也難保。就好像「魚不可脫於淵」,[38]大魚如果離開了深淵,連螞蟻都會跑來欺負牠呢!韓非舉了非常多的例子,來加以說明:

①魯昭公 vs. 三桓

　　春秋時代,魯國的孟孫、叔孫與季孫號稱三桓,三桓勢力龐大,聯合起來,攻打魯昭公,昭公不敵,遂逃往齊國,後死於晉國。[39]

②衛桓公 vs. 州吁

　　衛公子州吁在衛國的權勢很大,足與衛君桓公相比,群臣和百姓都很怕他,後來州吁果然殺掉國君而奪取他的政權。[40]

③晉厲公 vs. 六卿

　　春秋時代,晉國有六位卿大夫共執朝政。胥僮、長魚矯勸諫晉厲公說:「大臣位高權重,權勢和君主相當,與國君爭持國事,勾結外國,樹立黨羽。對下攪亂國法,對上脅迫君主,如此,國家還不面臨危險的,從來沒有過。」厲公說:「對!」於

38　韓非原著,前引書,頁215。詳見《老子‧36章將欲歙之》,見余培林注譯,《新譯老子讀本》,〈台北:三民書局,2004年〉,頁76。

39　韓非原著,前引書,頁363。

40　同上註,頁379。

是誅殺郤錡、郤犨、郤至三卿。胥僮、長魚矯又勸諫說：「共同犯罪的人，只誅殺一部分而沒有全部處罰，這將使未被誅殺的心懷怨恨，而給予他們作亂的機會。」厲公說：「我在一天之內，連殺三卿，我不忍心把六卿趕盡殺絕。」長魚矯說：「公不忍心對付他們，他們卻將狠心對付你。」厲公不聽，過了三個月，欒書、中行偃諸卿起兵造反，終於殺掉厲公，瓜分了他的土地。[41]

④齊簡公 vs. 田恆

簡公身居上位，對百姓刑罰很嚴厲，徵求重稅，濫殺人民。田恆則施行仁愛，表現寬厚。後來，田恆就弒簡公，另立齊平公。[42]

⑤宋君 vs. 司城子罕

有一天，宋國的大臣司城子罕對宋君說：「獎勵賞賜，是人民所喜歡的，君主您自己來處理；殺戮懲罰，是人民所憎惡的，就由我來做吧！」宋君說：「好！」自此之後，凡是要發佈處罰的命令，誅殺大臣，宋君都說：「去問子罕。」於是，大臣們都怕子罕，人民也歸附子罕。過了一年，子罕就殺了宋君，而奪取了政權。[43]

⑥趙武靈王 vs. 李兌

趙武靈王提倡胡服騎射，使得趙國戰力大增，威震中原，在位二十七年，後傳位於少子何，是為惠文王，而自稱主父，

---

41 韓非原著，前引書，頁359。
42 韓非原著，前引書，頁521。
43 韓非原著，前引書，頁520。

居沙丘宮。長子章不服，作亂而敗，往依主父，公子成、丞相李兌率兵圍沙丘宮，主父餓死。[44]

趙武靈王聲威顯赫一時，但禪位之後，失去了權勢，竟因戰亂而餓死在沙丘宮，豈不令人唏噓。

(2)慎防部屬勾結外國勢力

春秋戰國時代，各國之間，紛爭擾攘，許多人藉他國力量來鞏固自己的地位，有些大臣甚至還不把國君放在眼裡，真是令人髮指。韓非也舉了很多例子，來說明這種狀況。

①公叔納齊軍

公叔是韓國的丞相，與齊國的交情很好，韓王非常器重公仲，公叔怕韓王會拜公仲為丞相，就和齊國商議一起去攻打魏國，於是齊國的軍隊就來到韓國與韓軍會師，韓王看到那麼多的齊兵，嚇得直發抖，對公叔是又敬又畏。[45]

②翟璜召韓兵

翟璜是魏國的大臣，他與韓國的國君交情很好。有一天，翟璜竟然示意韓軍攻打魏國，翟璜再向魏王報告，願意為魏國去和韓軍談判，藉此來增加自己的份量。[46]

③司馬喜私通趙王

司馬喜是中山國的大臣，他與趙國的國君交情很好。經常把中山國的計畫偷偷告訴趙國的國君。[47]

④楚兵至而陳需相

---

44 韓非原著，前引書，頁 537。
45 韓非原著，前引書，頁 364。
46 同前註。
47 韓非原著，前引書，頁 366。

陳需是魏國的大臣，與楚王交情不錯。陳需就叫楚國攻打魏國，然後再向魏王報告，願意替魏王與楚軍和談，並因此，做了魏國的丞相。[48]

⑤周　趮 vs. 宮　他

周趮是魏國人，有一天，他對宮他說：「請你替我對齊王說：『如果齊國幫助我在魏國取得權勢，我保證讓魏國事奉齊國。』宮他說：「不行。這等於表示你在魏國沒有地位，齊王一定不會幫助一個在魏國沒有地位的人，而結怨在魏國有地位的人，您不如說：『不管大王喜歡什麼，我都能讓魏王聽從您。』這樣，齊王一定認為您在魏國有份量，而一定依賴您，這樣一來，您在齊國有份量，因而在魏國也有份量了。」[49]

君主要慎防部屬勾結外國，若讓部屬的陰謀得逞，成就了他個人的利益，卻會讓國家蒙受重大的傷害。

(3)慎防部屬爭權

人類和許多群居的動物一樣，總要分出個高下，確認到底誰是老大？歷史上，兩雄相爭的例子很多，君主是做壁上觀呢？還是要出手干預呢？在韓非所舉出的幾個例子之中，君主看起來都蠻懦弱的，只有默默的在旁邊看戲，甚至，還遭池魚之殃。

①田　恆 vs. 闞　止

田恆是春秋時代齊簡公的丞相，齊簡公非常寵愛闞止，闞止恃寵而驕，常與田恆爭權，以致結怨，田恆就藉故把闞止給殺了！後來，甚至還把簡公也殺了，另立平公為齊君。[50]

---

48 同前註，頁374。
49 韓非原著，前引書，頁270。
50 韓非原著，前引書，頁382。

②韓 廆 vs. 嚴 遂

韓廆是韓哀侯的丞相,韓哀侯很寵愛嚴遂,韓廆與嚴遂摩擦日起,有一天上朝的時候,韓廆派人刺殺嚴遂,嚴遂見狀,就往國君身邊逃去,抱住國君,刺客一劍刺中嚴遂,也刺到了國君。[51]

③戴 驩 vs. 皇 喜

戴驩是宋國的太宰,皇喜則深受國君的寵愛,二人爭權而相互謀害,後來,皇喜殺了戴驩,甚至把宋君也殺了,並奪取了他的政權。[52]

韓非說:有一種昆蟲叫做「蚘」,一個身體兩張嘴,爭食相咬,因而相殺,於是毀滅自己。臣子們互相爭鬥而把國家滅亡的,都和「蚘」同類。[53]

(4)慎防后妃爭寵

歷史上,後宮中,后妃爭寵的事件不斷上演,除了是否受到帝王的寵愛之外,當然,也和權勢有關,嬪妃們總希望自己生的兒子能夠坐上大位,因而可母以子貴。韓非舉了兩個例子:

①驪 姬 vs. 皇 后

春秋時代,晉獻公有一位寵妃叫驪姬,驪姬想讓自己生的兒子奚齊取代皇后所生的兒子申生為太子,遂在晉獻公面前中傷申生,晉獻公不察,令申生自殺,然後,立奚齊為太子。[54]

②鄭 后 vs. 愛 妃

---

51 同前註,頁381。
52 韓非原著,前引書,頁382。
53 同前註,頁266。
54 韓非原著,前引書,頁378。

鄭國的國君，已經冊立了太子。然而有一位他所鍾愛的妃子想要讓她所生的兒子做儲君，皇后為此感到恐慌，便用毒藥把鄭君毒死。[55]

鄭國的皇后知道自己年老色衰，爭不過年輕的美眉，乾脆，把國君殺了，讓自己的兒子繼位，如此，就可以安安穩穩的當皇太后了。后妃爭寵，竟然也會殃及國君，真是始料所不及。

(5)慎防子嗣爭奪大位

歷史上，皇子們爭奪王位的事件也是層出不窮。最有名的就是「玄武門」事件，當時還是秦王的唐太宗李世民殺了他的親大哥太子李建成和親弟弟齊王李元吉。李世民以天下為己任，並有捨我其誰的氣概！老爸李淵也不知該怎麼辦才好，最後，還是遜位好了！「既然你想當皇帝，就讓你當皇帝吧！」

《韓非子》書中，記載了三個例子：

①公子朝 vs. 公子根

公子朝是周君的太子，他的弟弟公子根很受周君的寵愛，周君死了以後，公子根便憑藉東周叛亂，於是周分裂為東周和西周兩國。[56]

②商　臣 vs. 公子職

楚成王已冊立商臣為太子，後來又想改立公子職為太子，商臣知道後，就發動叛變，攻殺成王。[57]

③公子章 vs. 公子何

---

55 同前註，頁 379。
56 韓非原著，前引書，頁 380。
57 韓非原著，前引書，頁 380。

　　趙武靈王傳位於少子公子何，是為趙惠文王，長子公子章不服，起兵作亂，公子何與丞相李兌率兵平亂，公子章兵敗，被殺。[58]

　　為了爭王位，兄弟鬩牆，導致國家陷於戰亂，生靈塗炭。聰明的父王，如何可以防止呢？

　　在專制時代，君主擁有無限大的權力，有些人就狐假虎威，所謂：「人臣假人主之勢」也。《韓非子》記載了這麼一個故事：

　　薛公是魏昭侯的丞相，昭侯身邊有對孿生兄弟叫陽胡、陽潘，很受昭侯的重視，卻不肯幫薛公講話，薛公很傷腦筋。有一天，薛公請他們到丞相府「轟趴」（home party），就給了每人二千兩銀子，讓他們去賭一賭，試試手氣。過了一會兒，又給每人四千兩金子。正在玩的時候，門房通報說：客人張季來了，薛公聽了很生氣，撫摸著佩劍授意門房說：「把他殺了，我聽說張季向來都不肯幫助我。」當時，季羽在旁，對薛公說：「不對！我聽說張季一直都很幫助您，只是他暗地裡幫助，不願張揚罷了！」於是，薛公不但沒殺他，反而特別禮遇他，說道：「以前，聽說張季不肯幫我，所以想殺他，今天才知道張季是真的在幫我，那我豈能忘了報答張季呢？」於是通知糧倉獻給張季一千石的粟，又通知財庫獻給張季一萬兩黃金，再通知馬房獻給張季良馬好車兩輛，又叫宦官將宮中美女二十位送給張季。這對雙胞胎看到這種情形，彼此商議說：「幫助薛公的必有利，不幫薛公的必有害，我們為何不幫助薛公呢？」就彼此勸說要來幫助薛公。[59]

---

58 同上註，頁 537。
59 韓非原著，前引書，頁 490。

真是有夠離譜，薛公只是丞相，好像他是國王一樣，運用生殺、獎賞大權，讓大家不敢和他作對，真是狐假虎威，「人臣假人主之勢」。而偏偏有人主不知「用勢」而「泫然出涕」，豈不怪哉！《韓非子》記載這麼一個故事：

齊景公與晏子到渤海邊去玩，登上柏寢的高台，回頭望著齊國說：「好美呀！好廣大啊！好壯觀啊！以後誰將擁有這個國家呢？」晏子回答說：「大概是田氏吧！」景公說：「現在是我在治理齊國，而你說田氏將來會擁有它，為什麼呢？」晏子回答說：「田氏甚得齊國的民心，您向百姓抽取重稅，田氏卻寬厚的佈施百姓。齊國鬧饑荒，馬路旁餓死的人數也數不清，饑民扶老攜幼跑到田氏那裡的，倒沒聽說有餓死的。所以，齊國的人民都唱著歸附田氏的歌。因此，我說：「齊國未來是田氏的。」景公傷心的流下眼淚說：「那不是很可悲嗎？我統治的齊國就要變成田氏的了，我該怎麼辦呢？」晏子說：「國君有什麼好怕的呢？倘若您要把它搶回來，就要親近賢人，疏遠小人，把混亂的地方治理好，減輕刑罰，讓貧窮的人富裕起來，撫卹孤兒、年老無依的人，施行恩惠而提供財物給那些貧困的人。如此，人民就會歸附您，即使有十個田氏，也不會對您怎麼樣！」[60]

韓非認為：景公不知用勢，而晏子不知除患。[61]為何要跟田氏去爭取民心呢？把他殺了不就結了！就好像獵人不騎馬去追野獸，而是下了馬，用跑的，去追野獸。還是韓非夠狠吧！晏子號稱三朝元老，但仍不脫儒家的仁厚，未能幫景公除患，以

60　韓非原著，前引書，頁481。
61　韓非原著，前引書，頁481。

致於斷送齊國的江山。或許,他心裡是想:田氏仁厚,更有資格當齊國的國君,那就順其自然吧!

3.用　術

韓非說:「術者,藏之於胸中,以偶眾端,而潛御群臣者也。」[62]「術」要隱藏起來,不能明示於他人。所以,「術」帶有幾分神秘的色彩,讓文武百官不知君王在玩什麼把戲。要「玩」別人,當然,不能被別人蒙蔽,否則,不就被別人「玩」了嗎?韓非舉了很多實例:

(1)叔孫　vs. 豎牛

叔孫是魯國的丞相,地位顯赫而專擅大權,他所寵愛的一個人叫豎牛(按:豎牛是叔孫的非婚生子),喜歡擅自假借叔孫的命令。叔孫有個兒子叫仲壬,豎牛嫉妒他,想殺他。有一天,豎牛和仲壬一起去晉見魯國的國君,魯君賜給仲壬一個玉環,仲壬跪拜接受而不敢佩戴,使豎牛向叔孫請示。後來,豎牛騙他說:「我已經替你請示過了,叔孫准你佩戴。」仲壬就把玉環佩戴起來。之後,豎牛對叔孫說;「何不引領仲壬晉見魯君呢?」叔孫說:「小孩子,怎麼好引見魯君呢?」豎牛說:「仲壬早已見過君王好幾次了,君王還賜給他一個玉環,他已經佩戴起來了。」叔孫召見仲壬,見他果然佩戴一個玉環,叔孫大怒,便把仲壬殺了。仲壬的哥哥叫孟丙,豎牛又嫉妒他,想殺他。叔孫為孟丙鑄造一個鐘,鐘鑄好了,孟丙不敢使用,教豎牛去請示叔孫。豎牛沒有替他請示,反而騙他說:「我已經替

---

62 韓非原著,前引書,頁 603。

請示過了，你可以使用了。」叔孫聽到鐘聲，說：「孟丙不先請示，擅自擊鐘！」怒氣沖沖地把他趕走，孟丙逃往齊國。過了一年，豎牛替他向叔孫說好話，叔孫便教豎牛召他回來。豎牛沒召孟丙而回報說：「我已經召喚過了，孟丙非常生氣，不肯回來。」叔孫聽了，氣得不得了，派人把孟丙殺了。就這樣，兩個兒子都死了。有一天，叔孫生病，豎牛打發左右的人離開，也不許別人進來，說：「叔孫不想聽到人的聲音。」於是，叔孫因沒有食物可吃，竟然餓死了！」[63]

　　不可一世的叔孫，因為誤信自己的私生子，殺了自己的兩個兒子，甚至連自己的性命也陪了進去，真是可悲呀！

　　(2)衛靈公 vs. 彌子瑕

　　衛靈公在位時，彌子瑕甚受寵愛，獨攬大權。有位侏儒去晉見衛靈公，說：「我的夢應驗了！」靈公說：「什麼夢？」侏儒回答說：「我夢見竈火，就見到君王了。」衛靈公很生氣的說：「我聽說晉見君王的人會夢見太陽，你為什麼晉見我卻夢見竈火？」侏儒回答說：「太陽遍照天下，一個物體是不能這遮蔽的；君王遍照全國，一個人是不能壅塞的，所以，將晉見君王的人會夢見太陽。至於竈火，一個人在前面烘炙，後面的人就看不到火了。如今或許有一個人遮擋了君王吧！我夢見竈火，不是很合理嗎？」[64]

　　(3)衛嗣君相參之術

　　衛嗣君重用如耳，寵愛世姬，又恐怕他們因為受到寵愛、重用而蒙蔽自己，於是重用薄疑，以對抗如耳；尊寵魏姬，以

63　韓非原著，前引書，頁319。
64　韓非原著，前引書，頁316。

制衡世姬。他說:「用這種方法來互相參驗牽制。」嗣君知道希望不要被人蒙蔽,卻沒把握要領。假如,不讓位卑的人得以評論位尊的人,下級的人可以指控上級的人,卻一定要等到權勢相當的時候,才敢互相爭論,這樣只有培植更多的蒙蔽之臣了。嗣君之受蒙蔽,就從這時候開始。[65]

(4)楚襄王 vs. 州侯

州侯做楚國的丞相,地位尊貴而專斷,楚王對他產生疑慮,於是問身邊的人,身邊的人都說:「沒有專斷啊!」好像從同一張嘴說出來似的。[66]

(5)狗猛酒酸

宋國有一個酒舖,主人姓莊,他賣的酒很香醇,有位先生派僕人到酒舖買酒,莊家酒舖有一隻狗很兇,對著他大叫,僕人不敢進去買酒,就跑到佗家酒舖去買。後來,主人問他:「為何不買莊家的酒?」僕人回答說:「今天莊家的酒變酸了!」[67]

韓非藉這個故事以猛狗來比喻君主身邊的大臣。韓非說:「有道之士,懷其術而欲以明萬乘之主,大臣為猛狗,迎而齕之,此人主之所以蔽脅,而有道之士所以不用也。」[68]說起來蠻傷感的,韓非懷才不遇,有志未伸,時也!命也!

(6)三人成虎

戰國時代,魏國的大臣龐恭要隨太子到趙國的邯鄲去做人質,就對魏王說:「今天有一個人說市集裡有老虎,國王相信

---

65 韓非原著,前引書,頁322。
66 同上註,頁360。
67 韓非原著,前引書,頁499。
68 韓非原著,前引書,頁499。

嗎？」國王說：「不信。」「有二個人說市集裡有老虎，國王相信嗎？」國王說：「不信。」「有三個人說市集裡有老虎，國王相信嗎？」國王說：「我相信它！」龐恭說：「市集裡沒有老虎，這是很明顯的。然而，有三個人說市集裡有老虎，國王您就相信了。邯鄲離魏國比市集要遠得多，非議臣下的人一定比三個要多得多，希望國王你要仔細考察別人說的話。」後來，龐恭從邯鄲回來，想晉見魏王，魏王卻不願見他。[69]

可憐的龐恭，雖然，事先給魏王打了預防針，但卻仍然無效。想要碰到「明君」，還真是不容易呢！作為一位「明君」，一定要廣開言路，多方查證，不要聽信少數人的說辭，才不會受到蒙蔽，做出錯誤決策。因此，「用術」的第一招，就是不要相信別人。韓非說：「人主之患，在於信人，信人則制於人。」[70]

在前面所舉的第一個例子中，叔孫太相信豎牛了，所以，反而成了豎牛的工具，幫豎牛殺了自己的兩個兒子。真是可悲呀！除了不要被部屬蒙蔽，不要相信部屬之外，還要進一步把自己的喜好、意圖隱藏起來，不要讓部屬知道，否則，他們會故意來逢迎、巴結你。韓非說：「君無見其所欲；君見所欲，臣將自雕琢。君無見其意；君見其意，臣將自表異。」[71]

《韓非子》書中載有四個相關的故事：

　　a.魯國的丞相公儀休喜歡吃魚，手下的人知道後，紛紛送魚給他。[72]

---

69 韓非原著，前引書，頁324。
70 韓非原著，前引書，頁152。
71 韓非原著，前引書，頁32
72 同上註，頁527。

b.中行文子是晉國的上卿，他喜歡音樂，有位縣府的官員知道後，就送給他一把琴；中行文子也很喜歡玉佩，這位官員又送給他一個玉環。[73]

c.齊桓公喜歡穿紫色的衣服，結果，全國的官員、人民都穿紫色的衣服。[74]

d.鄒國的國君喜歡結長長的帽帶，身邊的人也都跟著結長長的帽帶。[75]

在上位的人，若顯現出他喜歡什麼，在下位的人為了要巴結、討好他，也就會表現出同樣的行為。孔子說：「為人君者猶盂也，民猶水也，盂方水方，盂圓水圓。」[76]因此，君主不要顯露出自己的好惡與意圖，才能防止臣下的迎合巴結與欺瞞蒙蔽。當然，有時為了達成某種目的，君王也可故意表現出某種喜好或意圖。韓非也舉了一個例子：

越王勾踐計劃攻打吳國，想要使人民具備勇於犧牲的精神。有一天，出門看見一隻生氣的青蛙，就向青蛙敬禮（按：青蛙生氣時，會鼓脹起腮幫子）。駕車僕人覺得很奇怪，就問勾踐說：「為何要像向青蛙敬禮呢？」勾踐回答說：「這隻青蛙氣勢如虹，怎能不向牠敬禮呢？」越國的人民聽到這件事後，說：「蛙有怒氣，國王尚且向牠敬禮，何況士人之中有勇氣的人呢？」這一年，有十幾個人割頸自殺，把頭顱獻給越王。[77]

---

73 同上註，頁 269。
74 同上註，頁 429。
75 同上註，頁 436。
76 韓非原著，前引書，頁 436
77 韓非原著，前引書，頁 339

　　君王不要表現出自己的喜好、意圖，除了可以防止部屬逢迎、巴結之外，還有兩個積極的目的：

　　第一個目的，是防止阿諛之臣藉機製造事端。若君王表現出喜愛或憎惡某個人，阿諛之臣就會因而毀譽那個人，造成組織氣氛的緊張。

　　《韓非子》記載：

　　吳章謂韓王曰：「人主不可佯愛人，一日不可復憎；不可以佯憎人，一日不可復愛也。故佯愛佯憎之徵見，則諛者因資而毀譽之，雖有明主不能復收，而況於以誠借人也！」連佯愛、佯憎人都不能表現出來，何況是真的喜愛、憎惡別人呢？

　　第二個目的，就是可以防止「擅主之臣」的產生。什麼是「擅主之臣」呢？就是說，這位大臣掌握了君王的喜好、意圖，於是逢迎、巴結，得到君王的寵幸。如此一來，所有的官員，都要來奉承這位「擅主之臣」，成為他的黨羽，而不把君王、法律放在眼裡，如此，國家怎麼不亂呢？[78]

　　春秋時代，齊國的田成，大權在握，成為「擅主之臣」，終於，殺掉齊簡公，改立齊平公。[79]

　　除了要防止「擅主之臣」的產生，君主還要注意防範那些因他的死亡而可獲利者，如：后妃和太子。例如：本書前面提到的鄭國王后，她害怕國君冊立他的一位寵妃所生的兒子為太子，所以，乾脆用毒藥把鄭君毒死。因此，韓非提醒君王：「不舉不參之事，不食非常之食。」[80]怪不得，歷代君王吃飯都要用

78　韓非原著，前引書，頁123
79　韓非原著，前引書，頁124。
80　韓非原著，前引書，頁32

銀筷，以查看食物中有無毒藥，真是辛苦啊！連吃個飯，都要提心吊膽的。

談了這麼多不要做、比較消極面的狀況後，如欲積極地「用術」，又該如何做呢？韓非說：「**術者，因任而授官，循名而責實，操殺生之柄，課群臣之能者也；此人主之所執也。**」[81]

所謂「術」，就是看能力授予官職，照官位要求職責，掌握生殺的大權，要求群臣貢獻出他們的能力，這是君主本身要掌控的。韓非還有另一個較具體的說法：「**故群臣陳其言，君以其言授其事，以其事責其功。功當其事，事當其言，則賞；功不當其事，事不當其言，則誅。**」[82]根據這個說法，那麼「用術」真是太簡單了，任何一位君主應該都可以輕易的做到。例如：清康熙皇帝想要剿平台灣，遂賦予福建水師提督施琅專征之責，且訂下時限，要在當年明太祖生辰康熙赴南京祭拜明太祖陵寢之前完成該項任務。成功了，重賞；失敗了，重罰。施琅果然不負所望，如期完成剿平台灣的任務。

當然，「用術」除了包括上述的：目標、任用、考核與獎懲之外，應還包括本書前述組織功能中的分工、授權與層層節制等。所以，我們可以說：「術」就是管理之術了。也就是說，只要把管理學中那一整套的管理功能搬出來，就可輕鬆自在的「用術」了！不過，很多君王還是無法掌握「用術」的要領，以至讓臣子有可乘之機。

《韓非子》書中記載著一個故事：

虎議曰：「**主賢明，則悉心以事之；不肖，則飾姦而試之。**」

81 同上註，頁633。
82 韓非原著，前引書，頁36

逐於魯，疑於齊，走而之趙，趙簡主迎而相之。左右曰：「虎善竊人國政，何故相也？」簡主曰：「陽虎務取之，我務守之。」遂執術而御之，陽虎不敢為非，以善事簡主，興主之強，幾至於霸也。[83]

　　陽虎很識相，若君主賢明，他就盡心盡力來事奉君主；若君主不肖的話，他就開始亂來了！在魯國、齊國都留下惡名。來到趙國，趙簡主覺得他是個人才，只要「用術」好好駕馭他，他就可以把國家治理好。果然，不負趙簡主的期望。因此，韓非認為：臣子是忠是詐，和君主本身的作為有關。

　　韓非說：「臣之忠詐，在君所行也。君明而嚴，則群臣忠；君懦而闇，則群臣詐。」[84]「明而嚴」，可謂掌握了「用術」的要領，如此，部屬就不得不忠了。所以，韓非說：「聖人之治國也，固有使人不得不為我之道，而不恃人之以愛為我也。」[85]

　　韓非也以馴服烏鴉來做比喻，韓非說：「夫馴烏者，斷其下翎，則必恃人而食，焉得不馴乎？夫明主畜臣亦然，令臣不得不利君之祿，不得無服上之名。夫利君之祿，服上之名，焉得不服？」[86]

　　君王給臣子很高的俸祿，臣子就會依賴君王，因為：沒有其他途徑可以賺到這麼多的錢。就好像被剪掉長羽毛的烏鴉，無法自己覓食，只有依賴主人來餵養牠，牠就只好乖乖聽話了！

---

83 韓非原著，前引書，頁454。
84 韓非原著，前引書，頁400。
85 韓非原著，前引書，頁126。
86 韓非原著，前引書，頁491。

君王要善用賞罰來領導統御部屬。韓非說：「賞罰者，利器也，君操之以制臣，臣得之以壅主。」[87]

懂得「用術」的君主，就不怕臣子會欺騙他、背叛他。韓非說：「夫明主者，不恃其不我叛也，恃吾不可叛也；不恃其不我欺也，恃吾不可欺也。」[88]

懂得「用術」的君主，就可以「翹腳摸鬍鬚」，一副輕鬆自在的模樣。

《韓非子》書中，也記載這麼一個故事：

宓子賤治單父，有若見之，曰：「子何臞也？」宓子曰：「君不知不齊不肖，使治單父，官事急，心憂之，故臞也（按：不齊為宓子的名）。」有若曰：「昔者舜鼓五絃，歌〈南風〉之詩，而天下治。今以單父之細也，治之而憂，治天下將奈何乎？故有術而御之，身坐於廟堂之上，有處女子之色，無害於治；無術而御之，身雖瘁臞，猶未有益。」[89]

舜鼓五弦，歌〈南風〉之詩，而天下大治，真是輕鬆自在。老子也說：「治大國若烹小鮮。」[90]假如，連治理一個小小的地方都忙得瘦了一圈，那如何治理天下呢？所以，能否掌握「用術」的要領，是非常關鍵的。

綜上所論，韓非所說的「術」，就是治理國家之「術」。大致可分為兩部分，其一是：駕御之術，也就是如何駕御部屬。其二是：管理之術，就是運用各項管理功能，透過行政團隊來

87　同上註，頁358。

88　韓非原著，前引書，頁454。

89　韓非原著，前引書，頁400。

90　老子著，《老子·第六十章　治大國若烹小鮮》，見老子原著，余培林注譯，《新譯老子讀本》，〈台北：三民書局，2004年〉，頁122。

推行政務。君主若能妥善運用駕御之術與管理之術，就可以像齊桓公一樣，「被髮而御婦人，日遊於市。」[91]輕鬆愉快的就可以「九合諸侯，一匡天下」，成為天下的霸主了。

---

[91] 韓非原著，前引書，頁 528。

十一、法家的激勵思想

　　一位體育新聞記者訪問一位美式足球隊的總教練，請教他成功的秘訣。總教練小聲的說：「沒有什麼秘訣，我只是找到一些大塊頭的球員，然後，激勵他們罷了！」

　　在管理學中，提供一項或一組刺激，藉以使人產生我們所想要的行為，統稱為激勵。[1]對激勵的主張，大致可區分為生物、行為、認知和社會這四種觀點。[2]

　　在二十世紀以前，激勵的生物觀點（Biological Perspective）主宰了人類幾千年來對激勵的認識，其假定是人類和其他動物一樣，受到趨吉避凶的生物本能所驅策，一方面追求能夠讓自己快樂的事物，一方面也逃避會讓自己痛苦的事物。因此，就生物觀點而言，人類的行為出自於本能，只要能夠設法刺激其某種本能，就可以產生我們所期待的行為。[3]

　　行為觀點（Behavioral Perspective）在二十世紀初期誕生，試圖超越生物觀點，對人類行為提出更完整的解釋。學者發現，某種行為受到獎勵之後，經常會重複出現，而受到懲罰的行為比較不會再度發生，因此，行為不完全出自本能，後天的學習

1　張志育著，《管理學》，〈台北：前程企管公司，2003 年〉，頁 378。
2　同上註。
3　張志育著，前引書，頁 378。

也扮演重要的角色。因此，就行為觀點而言，激勵的重點，不在於迎合人類的本能，而是讓人們知道：何種行為可以得到獎勵，而何種行為會受到懲罰。[4]

認知觀點（Congnitive Perspective）則是一九三〇年代才略見雛形，主張人類的行為並非受到未滿足的需要所驅策，而是主動追求我們認定的目標所致。換言之，在認知觀點下，人們展現出某種受到獎勵的行為時，並不是因為他們覺得有某種需要，而是他們想要獲得獎勵。[5]

社會觀點（Social Perspective）也對人類行為作了許多補充，其假定是「人類是社會動物」，因此，其行為除了反映自己的本能、需要或認知以外，也會考慮他人的反應。這個觀點，讓個人行為與外界環境連結，如果將之納入行為觀點，則意味著屬於心理層次的「社會需求」扮演重要的角色。反之，若納入認知觀點，則意味著組織所提供的刺激兼具社會功能，而不是單純的只影響到個人層次。[6]

在管理實務上，最古老的激勵方法是「家長式」的激勵法，假定只要滿足員工的需要就可以產生激勵效果，滿足的需要越多，則員工會更忠誠、更努力，因此，組織應該無條件對成員提供各種報酬以滿足其需要，以換取其忠誠與努力。包括全面性的定期調薪，完備而全員一致的福利制度，終身雇用的就業

---

4 張志育著，前引書，頁378。
5 同上註，頁380。
6 張志育著，前引書，頁381。

安全保障，以年資為主要考慮的升遷，以及舒適的工作環境和人性化的管理，都是反映了這種激勵觀點。[7]

另外，實務上常用的激勵方法為「科學管理式」的激勵法。他反應了科學管理運動之父——泰勒強調效率的主張，其假定是只要獎勵與績效連結，就可以產生激勵效果，因此，組織應該視員工的績效來給予報酬，而不是讓每位成員無條件享受。包括計件制與傭金制等完全視績效而定的薪資制度，定期表揚傑出工作人員等，都是反映了這種觀點。[8]

第三種激勵方法為「參與式」激勵法，這種激勵法反映了行為學派的主張，假定員工可以在工作本身獲得滿足，因此，組織應該設法讓員工有機會表現並以良好的工作表現為榮。包括職位豐富化、參與式領導等廣受管理學界矚目的措施，都是反映這個觀點，其主要特色是不再強調薪資、福利乃至於升遷[9]

目前，實務上大致是兼採上述三種激勵方法，大部分組織都以家長式觀點提供基本薪資、福利，但也兼顧科學管理觀點而另行提供績效獎金、員工分紅等獎勵，而在職銜與職務內容上則反映了參與式觀點，例如：基層作業員改為技術員，業務員改為客戶經理，以及運用團隊觀念來讓員工參與決策甚或自主管理等等。[10]

接著，我們回頭來看法家的激勵思想：

7　張志育著，前引書，頁382。
8　同上註。
9　張志育著，前引書，頁383。
10同上註。

（一）慎到的激勵思想

慎到的激勵思想與上述激勵的生物觀點正好相反。慎到說：「始吾未生之時，焉知生之為樂也。今吾未死，又焉知死之為不樂也。故生不足以使之，利何足以動之；死不足以禁之，害何足以恐之。」[11]

這種說法與老子的：「民不畏死，奈何以死懼之？」[12]雷同。然而，慎到的推論過程，是有些疑義：

我先將慎到的這段話翻譯成白話文：「在我尚未出生之前，怎麼會知道出生以後，生活是件快樂的事呢？今天我還沒死，又怎麼會知道死亡是件不快樂的事呢？所以，連出生（生存）都不能驅使人了，些許利益又怎麼能夠驅動人呢？連死亡（死刑）都不能禁止人們作惡，些許傷害又怎麼能夠恐嚇得住人呢？」

這段話，有兩個疑點：

a.慎到的意思是說：因為還不知道出生以後，生活是件快樂的事，就出生下來了，所以，出生（生存）並不能起驅使人的作用。

人「出生」這件事，是個偶然，不是我們可以選擇的，也不是我們自己可以決定的。不過，既然出生了，「貪生」就是所有動物的本能，有人為了「求生」，什麼事都做得出來。

---

11 慎到原著，前引書，第十頁。
12 《老子・第七十四章》，見老子原著，余培林注譯，《新譯老子讀本》，〈台北：三民書局，2004 年〉，頁 149。

b.慎到認為：我們還沒死，所以，不知死亡是件不快樂的事，所以，死亡（死刑）起不了禁止人們作惡的作用。

死亡到底是不是一件不快樂的事，誰也無法給我們一個正確的答案。不過，「怕死」可能是大多數人的通病（應該也不算是「病」）。因此，死亡（死刑）還是有相當的嚇阻作用。

（二）申不害的激勵思想

申不害說：「法者，見功而與貴，因能而授官。」[13]

「見功而與貴」，就是對有功勞者，給予尊貴的爵位。論功行賞，以激勵員工。這是前面所談到的「科學管理式」的激勵方法，申不害在二千多年前就提倡這種激勵法了。

（三）商鞅的激勵思想

商鞅的激勵思想，除了具有傳統的生物觀點，也兼具其他三種觀點，實在是非常前衛的。分述如下：

1.有關生物觀點的論述

商鞅的激勵思想與生物觀點有關的論述，包括以下四則：

---

13 申不害原著，前引書，頁1。

(1)人生而有好惡，故民可治也，人君不可不審好惡。好惡者，賞罰之本。夫人情好爵祿而惡刑罰，人君設二者以御民之志，而立所欲焉。[14]

(2)民勇則賞之以其所欲，民怯則殺之以其所惡。故怯民使之以刑則勇，勇民使之以賞則死。[15]

(3)民之於利也，若水之於下也，四旁無擇也。[16]

(4)賞多威嚴，民見賞之多則忘死，見不戰之辱則苦生。賞使之忘死，而威使之苦生，而淫道又塞，以此遇敵，是以百石之弩射飄葉也，何不陷之有哉。[17]

以上四則論述，基本上，都是由生物觀點出發，說明人會趨吉避凶，君王可以賞罰二柄，來激勵人民，勇於作戰。

2.有關行為觀點的論述

商鞅的激勵思想有關行為觀點的論述，包括以下二則：

(1)臣聞道民之門，在上所先。故民可令農戰，可令游宦，可令學問，在上所與。上以功勞與，則民戰；上以《詩》、《書》與，則民學問。[18]

(2)夫民力盡而爵隨之，功立而賞隨之，人君能使其民信此如明日月，則兵無敵矣。[19]

---

14 商鞅原著，前引書，頁 94。
15 同上註，頁 56。
16 同上註，頁 188。
17 商鞅原著，前引書，頁 182。
18 商鞅原著，前引書，頁 188。
19 同上註，頁 94

以上兩則論述，均是說明領導者的作法會影響部屬的行為，領導者重視、鼓勵那種行為，部屬就會在那方面努力，以求得獎賞。此為「行為觀點」的激勵思想。

3.有關認知觀點的論述

商鞅的激勵思想有關「認知觀點」的論述，有以下五則：

(1)入令民以屬農，出令民以計戰。……利出於地，則民盡力；名出於戰，則民致死。入使民盡力，則草不荒；出使民致死，則勝敵。[20]

(2)故君子操權一正以立術，立官貴爵以稱之，論榮舉功以任之，則是上下之稱平。上下之稱平，則臣得盡其力而主得專其柄。[21]

(3)古之明君，錯法而民無邪，舉事而材自練，賞行而兵強。此三者，治之本也。……，行賞而兵強者，爵祿之謂也。爵祿者，兵之實也。是故人君出爵祿也，道明。道明則國日強，道幽則國日削。故爵祿之所道，存亡之機也。……，是以明君之使其臣也，用必出於其勞，賞必加於其功。[22]

(4)明主所貴惟爵其實，爵其實而榮顯之。不榮則民不急列位，不顯則民不事爵。爵易得也，則民不貴上爵；列爵祿賞，不道其門，則民不以死爭位。[23]

---

20 商鞅原著，前引書，頁67。
21 同上註，頁73。
22 商鞅原著，前引書，頁91。
23 同上註，頁93。

(5)夫民力盡而爵隨之，功立而賞隨之，人君能使其民信於此如明日月，則兵無敵矣。[24]

以上五則論述，均說明人民希望能夠得到爵位利祿這些獎賞，只要君王訂出獎勵辦法，人民就會全力以赴，而得到他們心中所想要的一切。

4.有關社會觀點的論述

商鞅激勵思想有關「社會觀點」的論述者有下列二則：

(1)入其國，觀其治，民用者強。奚以知民之見用者也？民之見戰也，如餓狼之見肉，則民用矣。凡戰者，民之所惡也，能使民樂戰者王。彊國之民，父遺其子，兄遺其弟，妻遺其夫，皆曰：「不得，無返。」[25]

(2)富貴之門，必出於兵。是故民聞戰而相賀也，起居飲食所歌謠者，戰也。[26]

在父兄、妻子與左右鄰居的鼓勵下，秦民個個奮勇殺敵，希望能夠立功於沙場，然後，加官晉爵，光耀門楣。這些都是激勵的「社會觀點」的具體呈現。

綜上所述，商鞅的激勵思想，包含了傳統的生物觀點，也包含了西方近代所發展出來的行為、認知與社會觀點，可以說是非常前衛的。在商鞅的治理下，秦國人民個個鬥志高昂，戰力旺盛，秦軍戰無不勝，攻無不克。商鞅可算是一位「激勵達人」了！

---

24 商鞅原著，前引書，頁94。
25 商鞅原著，前引書，頁150。
26 同上註，頁145。

（四）韓非的激勵思想

韓非由認知與社會觀點來討論和激勵有關的思想。

1.有關認知觀點的論述

(1)人主之道，靜退以為寶。不自操事，而知拙與巧；不自計慮，而知福與咎。是以不言而善應，不約而善會。言已應，則執其契；事已會，則操其符。符契之所合，賞罰之所生。故群臣陳其言，君以其言授其事，以其事責其功。功當其事，事當其言，則賞；功不當其事，事不當其言，則誅。[27]

「功當其事，事當其言，則賞；功不當其事，事不當其言，則誅。」在前面所舉的例子中，清康熙皇帝賦予福建水師提督施琅專征之責，要在當年明太祖生辰，康熙皇帝親自赴南京明太祖陵寢祭拜前，完成剿平台灣的任務。若達成任務則賞；若無法完成則誅。果然，施琅不負使命，如期完成剿平台灣的任務，康熙皇帝遂重賞施琅。

(2)叔向賦祿，功多者受多，功少者受少。[28]

叔向論功行賞，功勞多的人，則俸祿多；功勞少的人，俸祿少。

2.有關社會觀點的論述

(1)越王慮伐吳，欲人之輕死也，出見怒蛙，乃為之式。從者曰：「奚敬於此？」王曰：「為其有氣故也。」明年，人之請以頭獻王者，歲十餘人。由此觀之，譽之足以勸人矣。[29]

---

27 韓非原著，前引書，頁36
28 韓非原著，前引書，頁437
29 同上註，頁339。

　　越王勾踐兵敗求和，與妻子事奉吳王夫差，卑躬屈膝，後被釋回。勾踐臥薪嘗膽，一心想要報仇。為了激發民心士氣，有一天，在路上，看到一隻生氣的青蛙，鼓脹著下巴，就向青蛙敬禮。駕馬車的僕人問勾踐為什麼要向青蛙敬禮呢？勾踐說：你看他精神飽滿，勇氣充沛，當然要向牠敬禮了。越國的百姓聽到這件事後，知道越王勾踐對有勇氣的青蛙都那麼尊敬了，何況是有勇氣的人呢？所以，很多人為了表現自己的勇氣，乾脆把自己的頭砍下來，獻給越王勾踐。勾踐知道民氣可用，就下令伐吳，果然，大敗吳王夫差。

　　(2)孟獻伯拜上卿，叔向往賀，門有御車，馬不食禾。向曰：「子無二馬二輿，何也？」獻伯曰：「吾觀國人尚有飢色，是以不秣馬；班白者多徒行，故不二輿。」向曰：「吾始賀子之拜卿，今賀子之儉也。」向出語苗賁皇曰：「助吾賀獻伯之儉也。」苗子曰：「何賀焉！夫爵祿旂車，所以異功伐，別賢不肖也。故晉國之法：上大夫二輿二乘，中大夫二輿一乘，下大夫專乘，此明等級也。且夫卿必有軍事，是故修車馬，比卒乘，以備戎事，有難則以備不虞，平夷則以給朝事。今亂晉國之政，乏不虞之備，以成節儉，以潔私名，獻伯之儉也可與？又何賀？」[30]

　　「夫爵祿旂車，所以異功伐，別賢不肖也。」在上位的人，就是要有和別人不一樣的待遇，才能和別人有所區別。否則，如何激勵大家努力工作，以求有優良的表現，來爭取升遷呢？

---

30 韓非原著，前引書，頁 466。

(3)管仲相齊，曰：「臣貴矣，然而臣貧。」桓公曰：「使子有三歸之家。」曰：「臣富矣，然而臣卑。」桓公使立於高、國之上。曰：「臣尊矣，然而臣疏。」乃立為仲父。[31]

管仲經鮑叔牙大力推薦，齊桓公拜他為上卿。有一天，齊桓公問管仲要如何來治理齊國？管仲說：「我很窮，窮人怎能使喚富人呢？」於是，桓公賜給他齊國全國三年的市租。如此，管仲也成為有錢人的大戶人家。接著，桓公又問管仲要如何來治理齊國？管仲說：「我的地位卑賤，卑賤的人怎能使喚尊貴的人呢？」於是，桓公將他的官位提升到高氏與國氏二位大臣之上。接著，桓公又問管仲要如何來治理齊國？管仲說：「我和您的關係很疏遠，關係疏遠的人怎能使喚和您關係親近的人呢？」桓公就拜管仲為「仲父」。此後，管仲就推出了一系列的改革措施，包括平抑糧價的「平準法」，鹽、鐵公營政策等，使齊國成為當時最富強的國家。

美國職棒有「簽約金」的慣例，為了讓球員無後顧之憂，可以安心打球，所以，球團提供高額的「簽約金」給球員。看來，管仲是第一位領「簽約金」的政治明星呢！

韓非認為君王不可訂立難以達成的標準或目標，然後，懲罰那些無法達成標準或目標的人。韓非說：「人主立難為，而罪不及，則私怨生。」[32]韓非也認為獎賞不可浮濫，其後遺症很多。韓非說：「主過予，則臣偷幸；臣徒取，則功不尊。無功者受賞，則財匱而民望；財匱而民望，則民不盡力矣。故用賞過者失民，

---

31 韓非原著，前引書，頁468。
32 韓非原著，前引書，頁300。

用刑過者民不畏。」[33]因此，獎賞過於不及都不好，「中庸之道」才是王道。

　　韓非也警告君王不能受自己的情緒所左右，濫施賞罰。韓非說：「**喜則譽小人，賢不肖俱賞，怒則毀君子，使伯夷與盜跖俱辱，故臣有叛主。**」[34]

　　因此，管理者要審慎、妥善地運用獎賞與懲罰這兩項工具，激勵部屬，以完成任務。

---

33 韓非原著，前引書，頁169。
34 同上註，頁300。

十二、法家的控制思想

　　「控制」這個管理功能，常給人帶來負面的感覺，我們會把它和強迫、限制、監視、操縱等名詞產生聯想。在管理上，控制泛指用以確使員工行為或組織績效能夠符合期望的各種機制。[1]尤其是後者：組織績效。

　　控制活動可以區分為四個階段：建立標準、蒐集資訊、比較、行動。如下圖 12-1：基本控制程序[2]

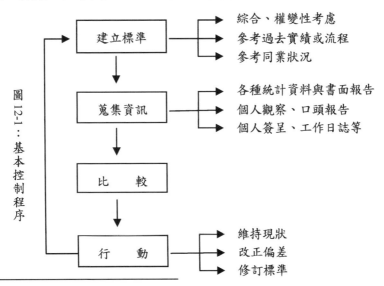

圖 12-1：基本控制程序

- 建立標準 → 綜合、權變性考慮／參考過去實績或流程／參考同業狀況
- 蒐集資訊 → 各種統計資料與書面報告／個人觀察、口頭報告／個人簽呈、工作日誌等
- 比較
- 行動 → 維持現狀／改正偏差／修訂標準

---

1 張志育著，前引書，頁460。
2 同上註，頁465。

「建立標準」乃是建立組織績效的標準，可能是領導者的企圖心、或參考過去的實績或同業的狀況。

「蒐集資訊」是蒐集各種實績的統計資料與書面報告、個人觀察報告、工作日誌等。

「比較」乃是比較實績與預期的目標是否有差異。若差異太大，超過我們的容許範圍，就要採取矯正措施，或修訂標準。

慎到與申不害這兩位法家大師，由於現存文獻資料中難以發現與控制思想有關的敘述，故他們兩位暫且略過。

先談商鞅的控制思想：

（一）商鞅的控制思想

商鞅的控制思想均偏向員工行為的控制，對組織績效的控制則無涉及。

商鞅如何確保員工行為能夠符合上級的期望呢？商鞅認為必須塑造一種形勢，在此形勢下，老百姓不敢造次。如何塑造這種形勢呢？商鞅主張要明訂法制，法制明則名分定，大家就要遵守法制，不能踰越。另外，商鞅實施連坐法，讓大家彼此監督，如此一來，犯罪的情形，就會大大的減少。

商鞅說：**君尊則令行，官修則有常事，法制明則民畏刑。法制不明，而求民之行令也，不可得也。民不從令，而求君之尊也，雖堯、舜之知，不能以治。**[3]

---

3 商鞅原著，前引書，頁187

　　商鞅這種「明法」的思想，與現代「法無明文規定要處罰者，不罰。」的觀點若合符節。不是說，我想怎麼罰你，就怎麼罰。可以擺脫專制時代暴君酷吏的作威作福、為所欲為。

　　明定法制以後，就可確定名分。而名分確定後，形勢就會趨向治理的道路。

　　商鞅說：故聖人必為法令置官也，置吏也，為天下師，所以定名分也。名分定，則大詐貞信，巨盜愿愨，而各自治也。故夫名分定，勢治之道也；名分不定，勢亂之道也。故勢治者不可亂，勢亂者不可治。[4]

　　一個人所處的形勢會影響他的行為，負責治理國家的人要塑造一種形勢，讓大家不能為姦作惡。

　　商鞅說：故善治者，使跖可信，而況伯夷乎？不能治者，使伯夷可疑，而況跖乎？勢不能為姦，雖跖可信也；勢得為姦，雖伯夷可疑也。[5]

　　不要引誘別人犯罪。商鞅認為人性本惡，人是經不起誘惑的。所以，要塑造一種不能犯罪的形勢。如何塑造呢？商鞅實行「什伍連坐」法。

　　商鞅編組民戶，五家為什，十家為伍，什伍之內，要互相監視，若有一家犯法，其他家隱瞞不報，也要受到與犯罪者同樣的處罰。如此，大家都不敢輕易犯法。

　　商鞅說：重刑、連其罪，則民不敢試。民不敢試，故無刑也。[6]

4　商鞅原著，前引書，頁212。
5　同上註，頁152。
6　商鞅原著，前引書，頁141。

秦國施行新法十年，結果百姓大悅，路不拾遺，山無盜賊，家給人足，鄉邑大治，使秦國成了當時第一強國。[7]

對社會實施嚴密控制的連坐法，可以說，發揮了很大的效果。

（二）韓非的控制思想

韓非承襲商鞅「尚法」的控制思想，但亦摻和申不害的「用術」，在控制功能的四個階段中，多所發揮，尤其是在「蒐集資訊」與「行動」這兩個階段中，著墨很多。分述如下：

1.建立標準階段

韓非認為：績效目標不能訂得太高，若以此標準來懲罰達不到標準的人，將會導致人們的怨恨。

韓非說：人主立難為，而罪不及，則私怨生。[8]

韓非也認為：領導者要了解人性的弱點，不要強人所難。

韓非說：故明主觀人，不使人已難。明於堯不能獨成，烏獲之不能自舉，賁、育之不能自勝，則觀行之道畢矣。[9]

有人說法家是酷吏，「嚴而少恩」，看來，韓非還是蠻人性化的。

7　商鞅原著，前引書，導讀頁 12。
8　韓非原著，前引書，頁 300。
9　韓非原著，前引書，頁 283。

2.蒐集資訊階段

韓非將申不害的「用術」運用在「蒐集資訊」上，可以說發揮的淋漓盡致。韓非的論點如下：

(1)明主者，使天下不得不為己視，使天下不得不為己聽。[10]

(2)匿罪之罰重，而告奸之賞厚也。此亦使天下為己視聽之道也。[11]

(3)人主誠明於聖人之術，而不苟於世俗之言，循名實而定是非，因參驗而審言辭。[12]

(4)夫無數以度其臣者，必以眾人之口斷之，眾之所譽，從而說之；眾之所非，從而憎之。[13]

(5)好惡在所見，臣下之飾奸物以愚其君必也。明不能燭遠奸、見隱微，而待以觀飾行、定賞罰，不亦弊乎！[14]

(6)明主，其務在周密。是以喜見則德償，怒見則威分。故明主之言，隔塞而不通，周密而不見。故以一得十者，下道也；以十得一者，上道也。明主兼行上下，故奸無所失。[15]

韓非舉了三個實例，來說明如何「用術」以進行「蒐集資訊」：

a.田嬰相齊，人有說王者曰：「終歲之計，王不一以數日之間自聽之，則無以知吏之奸邪得失也。」王曰：「善。」田嬰聞之，即遽請於王而聽其計，王將聽之矣。田嬰令

---

10 韓非原著，前引書，頁126。

11 同上註，頁127

12 同上註，頁125

13 同上註，頁648

14 韓非原著，前引書，頁602。

15 同上註，頁699

官具押券斗石參升之計，王自聽計，計不勝聽，罷食後復坐，不復暮食矣。田嬰復謂曰：「群臣所終歲日夜不敢偷怠之事也，王以一日聽之，則群臣有為勸勉矣。」王曰：「諾。」俄而王已睡矣，吏盡揄刀削其押券升石之計。王自聽之，亂乃始生。[16]

齊宣王要親自審查國家的年終決算帳簿，以了解官吏的姦邪得失，結果，以鬧劇收場。這是控制功能的一個負面教材。

接著，韓非又舉了一個負面的例子：

b.鄭子產晨出，過東匠之閭，聞婦人之哭，撫其御之手而聽之，有間，遣吏執而問之，則手絞其夫者也。異日，其御問曰：「夫子何以知之？」子產曰：「其聲懼。凡人於其親愛也，始病而憂，臨死而懼，已死而哀。今哭已死，不哀而懼，是以知其有姦也。」

或曰：子產之治，不亦多事乎？姦必待耳目之所及而後知之，則鄭國之得姦者寡矣。不任典成之吏、不察參伍之政，不明度量，恃盡聰明、勞智慮，而以知姦，不亦無術乎？且夫物眾而智寡，寡不勝眾，故因物以治物。下眾而上寡，寡不勝眾，故因人以知人。是以形體不勞而事治，智慮不用而姦得。故宋人語曰：「一雀過羿，羿必得之，則羿誣矣。以天下為之羅，則羿不失矣。」夫知姦亦有大羅，不失其一而已矣。不修其羅，而以己之胸察為之弓矢，則子產誣矣。老子曰：「以智治國，國之賊也。」其子產之謂矣。[17]

---

16 韓非原著，前引書，頁435。
17 韓非原著，前引書，頁596。

想要把犯法的人揪出來，不是靠丞相一個人的力量，而是要建立一套制度，讓全國只要有犯法的人，都會被揪出來。這個制度就是「什伍連坐」。

接著，韓非又舉了一個例子，不過，還是一個負面的例子：

韓宣王曰：「吾馬茹粟多矣，甚臞何也？寡人患之。」周市對曰：「使騶盡粟以食，雖無肥，不可得也；名為多與之，其實少，雖無臞，亦不可得也。主不審其情實，坐而患之，馬猶不肥也。」[18]

馬吃了很多飼料，卻瘦了下來，其原因為何？真的吃了很多飼料嗎？還是每天都在餓肚子呢？這是須要求證的。

3.比較階段

控制程序的第三個階段是：「比較」，就是比較實際的績效與預期的目標是否符合？韓非主張用官職來實地考核「能士」的才幹，看他實際的績效如何？能否符合我們的期望？韓非說：

人皆寐，則盲者不知；皆嘿，則喑者不知。覺而使之視，問而使之對，則盲、喑者窮矣。不聽其言也，則無術者不知；不任其身也，則不肖者不知；聽其言而求其當，任其身而責其功，則無術、不肖者窮矣。夫欲得力士，而聽其自言，雖庸人與烏獲不可別也；授之以鼎，則罷、健效矣。故官職者，能士之鼎也，任之以事，而愚智分矣。故無術者得於不用，不肖者得於不任。[19]

---

18 韓非原著，前引書，頁464。
19 韓非原著，前引書，頁675。

「聽其言而求其當，任其身而責其功」，如此，就可以了解他的學養與才能，是否符合我們的要求了。

人在某些狀況下，對績效的衡量往往受到主觀因素的影響，而無法正確的執行。韓非舉了一個例子，來說明這種狀況：

齊景公游少海，傳騎從中來謁曰：「嬰疾甚，且死，恐公後之。」景公遽起，傳騎又至。景公趨駕煩且之乘，使騶子韓樞御之。行數步，以騶為不疾，奪轡代之御；可數百步，以馬為不進，釋車而走。以煩且之良，而騶子韓樞之巧，而以為不如下走也。[20]

齊景公很可笑，竟然以為自己用跑的，會比由韓樞駕御，名駒煩且拉的馬車來得快。人在緊張的時候，是不容易做出正確抉擇的。

4.行動階段

控制程序的第四個階段是：「行動」，就是如果實際的績效與預期的目標差異太大，超過我們的容忍範圍，則要採取矯正行動，以改正偏差或修訂考核的標準。

韓非認為若官員的智慧、才幹不能勝任的話，就要毫不留情的將他解職。

韓非的論點如下：

a.有道之主，聽言督其用，課其功；功課，而賞罰生焉。故無用之辯不留朝，任事者智不足以治職，則放官收璽。[21]

---

20 韓非原著，前引書，頁433。
21 韓非原著，前引書，頁700。

　　b. 聖王明君則不然，內舉不避親，外舉不避仇。是在焉，從而舉之；非在焉，從而罰之。是以賢良遂進，而姦邪並退。[22]

　　有時，績效考核的標準有問題，還是要將之修訂。韓非舉了一個例子，來說明：

　　梁車新為鄴令，其姊往看之，暮而後門，因踰郭而入，車遂刖其足。趙成侯以為不慈，奪之璽而免之令。[23]

　　就法家而言，「法」是最高價值，王子犯法與庶民同罪，姐姐翻牆而入，依法當刖其足。但趙成侯認為既然是自己的姐姐又何必死守法條呢？認為他「不慈」，所以，罷了他的官。

　　韓非舉這個例子，不知對趙成侯是褒還是貶？站在法家的立場，應該挺梁車新才對。

　　韓非對個人行為的控制，也承襲了商鞅「尚法」的觀點，但也摻入慎到「任勢」的觀點。

(1)與商鞅「尚法」觀點有關者

a. 是故大臣之祿雖大，不得藉城市；黨與雖眾，不得臣士卒。故人臣處國無私朝，居軍無私交，其府庫不得私貸於家，此明君之所以禁其邪。[24]

b. 夫罪，莫重辜磔於市，猶不止者，不必得也。故不必得，則雖辜磔，竊金不止；知必死，雖予之天下，不為也。[25]

22 韓非原著，前引書，頁647。
23 同上註，頁473。
24 韓非原著，前引書，頁31。
25 同上註，頁330。

(2)與慎到「任勢」觀點有關者：

a.董閼于為趙上地守，行石邑山中，見深澗，峭如牆，深百仞，因問其旁鄉、左右，曰：「人嘗有入此者乎？」對曰：「無有。」曰：「嬰兒、盲聾、狂悖之人，嘗有入此者乎？」對曰：「無有。」「牛馬、犬彘，嘗有入此者乎？」對曰：「無有。」董閼于喟然太息曰：「吾能治矣。使吾法之無赦，猶入澗之必死也，則人莫之敢犯也，何為不治？」[26]

董閼于太守見山澗深且峭，若不慎掉入，必死無疑，因此，無人敢入澗。以此推論，若對犯罪者嚴格執法，絕無倖免，則百姓就不敢犯法了。

這個推論，有點問題，因為是否掉入山澗，是「是」與「否」的二分法，犯罪雖也是「是」與「否」的二分法，但犯罪的罪行林林總總，輕重程度不一，和單純的是否掉入山澗不可等同視之。總不能，只要犯法，就一律槍斃吧！

在員工行為的控制上，韓非認為要掌控一個人，還是攻心為上。韓非說：「是故禁姦之法，太上禁其心，其次禁其言，其次禁其事。」[27]

韓非雖然是法家的集大成者，但他受老子的影響實在很大，在這句話中，又可看到老子的影子，隱約其間。當然，韓非只是套用老子的句型，並未掌握老子的精髓，老子主張「清靜無為」，老子說：「太上，不知有之；其次，親而譽之；其次，畏之；其次，侮之。」[28]

---

26 韓非原著，前引書，頁324。

27 韓非原著，前引書，頁639。

28 《老子·第十七章太上不知有之》，見老子原著，余培林注譯，前引書，頁37。

　　「太上，不知有之」是說：老百姓感覺不到「國君」的存在，這是第一等級的國君。若「太上禁其心」，對照老子的說法，則頂多是第三等級的：「其次，畏之」。甚至，假如把老百姓惹毛了，就會淪為第四等級的：「其次，侮之」，而不會是第一等級的：「太上，不知有之」了。

　　曾經爆發的「丟鞋」潮，抗議民眾如影隨形，向馬前總統丟鞋抗議，不管是否是綠營人士在從中作祟，但馬前總統的表現，如：柯建銘關說案，連藍營都看不下去了，馬前總統就淪為第四等級：「其次，侮之」的國家領導人了。

　　當年，「紅衫軍」倒扁，也是如影隨形，比大拇指朝下的手勢，要求阿扁總統下台。沒想到，馬前總統也淪落至此，令人不勝噓唏。

十三、法家管理思想對現代管理的涵義

　　雖然本書所論述的四位法家大師都是二千多年前的歷史人物，但他們的思想對我們現代管理仍有許多啟迪之處。分別說明如下：

（一）法家經營理念對現代管理的涵義

1.強調法治

　　法家的四位大師，均強調法治。法治有別於人治，而在專制時代，人治的色彩十分濃厚，上位者，為所欲為，百姓叫苦連天。法家施行法治，雖強調重刑重賞，但只要不犯法，倒也平安無事。例如：商鞅在秦國施行新法十年，家給人足、夜不閉戶、山無盜賊，鄉邑大治，使秦國成了當時第一大強國。時至今日，雖已進入民主時代，但法治的觀念，依舊淡薄，有權有勢者，有錢的大戶人家，以要特權為榮。「有錢判生、沒錢判

死」，司法給人的觀感真是糟透了。四位法家大師地下有知，也會搖頭嘆息吧！

經營企業，也是要強調法治，尤其當企業規模成長到無法採行「走動式」管理時，更要建立一套管理制度，以為員工的行為規範，才不至於造成混亂、失序的狀態。

日本經營之神松下幸之助在早年創業階段，因內弟井植歲男來信告知：花三日元買了一件麻質蚊帳。認為他膽大妄為、奢侈至極，立刻回信，嚴厲批評。這件事給松下的觸動很大，他想：一個人駐外，就弄出這樣的亂子，若以後，更多的人駐外，豈不更亂了！必須有一個統一的約束才好。

管理制度化——這是松下終身都在探索與完善的課題。[1]

2.求新求變，不法古、不修今

商鞅、韓非與慎到三位法家大師均主張變法。商鞅主張：求新求變，不法古、不修今。商鞅與韓非均認為社會不斷進化，制度也應隨之變更，不能墨守成規。因之，他們兩位均主張變法圖強。

商鞅採用重農重戰、重刑重賞的策略，得到非常好的效果，使得秦國兵強馬壯，奠定了日後統一中國的基礎。

經營企業也是一樣，須要不斷的創新。當今火紅的「藍海策略」可說是此經營理念下的產物。

---

1 王志剛著，前引書，頁97。

　　當大家都以相同的產品、服務去爭取同一個區隔市場時，若只靠「低價」來創造競爭優勢，頓時會使市場成為一片「紅海」。

　　「藍海策略」就是要創新、要「差異化」，要思考如何以不同的產品或服務，提供給需求亟待滿足的區隔市場。這就需要求新、求變，不能「法古」，也不能當「老二」。

　　我覺得：商鞅變法讓秦國與其他六國最大的「差異」在於他塑造了「好戰」、「樂戰」的組織文化，其他六國也就只有乖乖「受死」的份。

　　一個企業的競爭者，要認清自己的競爭優勢在哪裡？或許，在企業經營上，當「老二」也可以活得很愉快，顧客所以會接受你，可能是因為你的價格比較便宜，你的售後服務比較快速。無論如何，你還是要找出你和競爭對手不同的地方，並逐步去強化它，讓顧客覺得你就是和別人不一樣。

　　「藍海策略」在各行各業有許多成功的例子，如公車製造業的匈牙利公車、日本純理髮，不提供洗頭、刮鬍子等服務的理髮店。[2]沒想到，竟然在體育界也有許多成功的案例：

　　身材嬌小的女生可以當運動員嗎？答案當然是：可以！

　　上屆北京奧運，女子舉重銅牌得主盧映琦的啟蒙教練就認為她可以！

　　為什麼呢？因為舉重、跆拳道等項目，是按照體重分級的。一般都是人高馬大者，才當運動員。所以，有些體重較重的等

---

2 金偉燦、莫伯尼合著，黃秀媛譯，《藍海策略》，〈台北：天下遠見出版公司，2005 年〉，頁 103-106，頁 110-112。

級，人滿為患；可是，某些體重較輕的等級，並沒有太多的對手，身材嬌小者，反而有較多機會奪牌。前屆雅典奧運，朱木炎不是也搞這種策略，而拿到金牌嗎？

3.授　權

慎到與商鞅兩位法家大師均強調「授權」。慎到認為：君王要授權給臣子，臣子則要竭盡智慧與能力把事情做到最好的境界。商鞅則認為：由人民在家中根據法令來判斷是非的，可以稱王於天下；由官吏來判斷是非的，國家還可以強盛；由國君來判斷是非的，國家必然衰弱。商鞅還認為：君王要以下屬做決斷為貴。

這種思想真是先進。在高度極權的封建社會，竟然也強調「授權」。時至今日，美國的大企業，已逐漸走上「所有權與經營權分離」的階段，也就是進入「專業經理人」的時代。一般說來，第一代的創業企業主，個個能力超強，鬥志高昂，吃盡千辛萬苦，終於闖出一片天。第二代的企業主，從小跟著父母一起創業，也是吃了不少苦，好在苦盡甘來，從此享受榮華富貴。第三代的企業主則從小就在優渥的環境中長大，不知什麼叫做「苦」，第四代以後，則更不用說了。

因此，第三代以後的企業主比較傾向聘請專業經理人來管理公司，自己則去做自己想做的事，或者，和齊桓公一樣，負責「玩」就好了。美國的大企業，很多都到了第三、四代了，而台灣的企業，大多還在第一、二代交替的階段。因此，台灣的企業要進入「專業經理人」的時代，最少還要五十年。

　　理論上，「授權」可以讓「被授權者」擁有較大的職權，承擔較大的責任。對服務業來說，若每位第一線接待顧客的員工獲得相當的授權，則可迅速處理顧客反應的問題。

　　亞都飯店是個非常好的範例：

　　亞都有四個服務管理的信條，第一條即是：「每個員工都是主人」，他們是代表公司接待客人的主人，也是代表公司提供服務的主人，他必須負起做主人的責任，同時，也應該享有主人的決定權。所謂「主人的決定權」，意思是我們把授權範圍放到最大，讓他有權利可以做許多決定。在服務的第一線，任何突發情況發生時，他都能及時全權決定，而不需要請示主管。比如說客人提出今天的菜不好、咖啡太苦等等問題，他除了致歉外，並有權利立即決定為客人換掉，或是招待客人，由亞都來請客。基於這樣的服務信條，在態度上他代表公司做了主人，就工作的制度層面，他被授權在他的層次上事事可以自主，不需凡事請示。[3]

　　從亞都的個案看來，「授權」的確可以讓員工迅速的提供有效的服務給顧客，讓顧客覺得亞都是個非常好的飯店，而願意繼續上門，成為亞都的忠實顧客。

4.包　容

　　慎到與申不害均主張對人民、部屬要「包容」。基本上，「包容」這個理念來自《易經》的〈明夷卦〉，而《易經》被儒家視

---

3 嚴長壽著，《總裁獅子心》，〈台北：平安文化公司，1997 年〉，頁 142。

為群經之首，所以，「包容」這個理念，與儒家的「仁」較相容，而與法家，尤其是商鞅的「獎勵告姦」的理念是較不相容的。

　　「包容」抑或是「揮淚斬馬謖」，考驗領導者的智慧。前總統馬英九為柯建銘關說案砲打前立法院長王金平，為台灣政壇投下了震撼彈。馬王在前任國民黨黨主席選舉中結下梁子，馬已將王定調為「黑金」，必除之而後快。此事件造成兩敗俱傷、玉石俱焚之後果，真是國民黨的悲哀，台灣的不幸。

5.深根固柢

　　建立一個國家後，當然希望她能千秋萬世，屹立不搖。如何可以達成這個目標呢？她的立國精神、建國理念非常重要，例如：美國的民有、民治、民享；法國的自由、平等、博愛。然後，就是制度的建立，三權分立，可以利用立法權來制衡行政權，司法權也可對違法的官員進行制裁。選舉制度也可讓各級首長不敢為所欲為，做不好，下次選舉就讓你下台。

　　企業也是一樣，想要永續經營，也是要有強而有力的經營理念與經營策略。「多角化」與「多國化」已成為企業規避環境風險所常用的兩個經營策略。本書前述日本八百半蔬果供應店採行「多國化」策略，到巴西、新加坡等國家設立分公司，紮下厚實的基礎，可以不怕國際連鎖超市業者的圍剿而屹立不搖。反之，日本的蛇目裁縫車工業總公司，因社長島田受到松下幸之助先生的蠱惑而放棄「多角化」策略，結果，當裁縫車的市場江河日下的時候，只有被迫宣告倒閉。

6.因　情

　　因情乃是因人之情，或因人之性。也就是說任何作為都要因人之情、因人之性。科技大廠 Nokia 的廣告辭：科技始終來自於人性。管理作為也當如是。

　　韓非認為：凡治天下，必因人情。人情有好惡，故賞罰可用；賞罰可用，則禁令可立，而治道具矣。

　　這是標準的「紅蘿蔔與棍子」的管理思想，本書前面談激勵功能時，曾說明人除了有「趨利避害」的本能之外，可能還會受到後天的學習，個人的認知以及社會環境的影響。因此，我們要廣泛的思考這些相關的因素，才能訂出可行的策略方案與管理制度。

手機大廠 NOKIA 是個很好的範例：

重視人性的 NOKIA

　　二〇〇〇年成功打響諾基亞品牌，讓這句廣告辭：「科技始終來自於人性」深植人心的幕後推手，正是當時擔任諾基亞行銷協理的黃思齊。雖然他刻意保持低調，這些年來的成績單倒很亮麗。加入諾基亞八年來，這位整合行銷悍將把諾基亞由一九九七年市場知名度屈居第三的劣勢，扭轉至台灣行動電話的第一品牌。在他領導下的行銷團隊，更是將英文廣告詞「human technology」成功本土化為「Nokia 相信科技始終來自於人性」的幕後功臣。

　　對身經百戰的黃思齊而言，科技產品和一般消費品的本質沒有不同，畢竟「科技始終來自於人性，重點是人性，不是科

技。」但是他也同時發現，行動電話的流行性強，產品生命週期比家用品、飲料、食品都短，挑戰性也更高。[4]

7.任　勢

韓非認為國家領導人要營造出一種別人無法侵害的形勢，則可屹立不搖。韓非說：「凡明主之治國也，任其勢。勢不可害，則雖強天下，無奈何也，而況孟嘗、芒卯、韓、魏能奈我何！其勢可害也，則不肖如如耳、魏齊及韓魏，猶能害之。」

在手機市場中，本土品牌 HTC 宏達電以技術研發優勢，銷售量在二〇一一年達到四千五百萬支的高峰，但二〇一二年降至三千二百萬支，今年法人預估值為一千八百～一千九百萬隻左右。市場佔有率遠低於三星、蘋果等大廠，甚至很快就要被中國小米機追上。如何挽回頹勢，考驗王雪紅、周永明等公司高層的經營能力。[5]

（二）法家管理哲學對現代管理的涵義

1.人性論

如前所述，四位法家大師對人性論的看法均偏向性惡論。所以，在管理上，也比較偏好採用重罰重賞的經營策略。

4　e天下雜誌，2002 年 6 月號。
5　陳俐妏撰，〈宏達電出貨量跳水〉，蘋果日報，2013 年 9 月 16 日，財經 B1 版。

一般說來，台灣的企業主大部分都是屬於法家這種類型的，奇美企業的許文龍先生應屬少數的異類。

有一次，和 News 98 電台的節目主持人尹乃菁小姐聊天，談到趙少康先生曾在廣播節目中提到他對儒家的管理思想很有興趣。乃菁小姐馬上反應說：「趙先生是法家的吧！」

「法家」型的管理者，基本上，對人性的看法，較偏向性惡論。為了矯正人的劣根性、防堵弊端，他會訂立一些比較嚴格的規定，以規範員工的行為。記得本人曾任教的軍事院校，其院長就規定所有教職員每日須簽到四次（上午上班、下班，下午上班、下班各一次）。不知是否有那個工廠如此要求工人？

「儒家」型的管理者，對人性的看法，較偏向性善論，所以，他的管理方式會比較寬鬆，也比較仁厚。不過，此類型的管理者並不多見。

「道家」型的管理者，更屬鳳毛麟爪，許文龍先生應為此類型之代表人物，他喜歡釣魚，熱愛藝術。沒有自己的辦公室，下午五點鐘一到，他就趕員工下班，希望員工有時間多陪陪家人。啊！真是位體恤員工的好老闆。

2.價值論

法家非常重視「法」，認為「法」是最高的價值。例如：商鞅說：「聖王者不貴義而貴法」。貴「法」型的領導者與貴「義」或貴「利」型的領導者有何不同呢？

貴「利」型的領導者，可能唯利是圖、斤斤計較，追求最大的利益。反映在定價策略上，則是採高價格的榨取策略。反

映在領導統御上，則是盡量壓榨員工的生產力，若員工一天能生產一百個單位的產品，就不要只生產九十九個單位的產品。

貴「義」型的領導者會重視員工的教育訓練、會注重工作環境的改善，也會去了解員工的心理，知道他們的需求，並採用較人性化的管理方式。

貴「法」型的領導者則重視制度、規則的建立，守法精神的培養，嚴格執行各種管制措施，賞罰分明。

從管理的角度來看，我們總是希望一個企業能夠逐漸由「人治」走向「法治」，尤其是一個企業的規模逐漸成長，超過「走動式」管理的範圍後，「法治」是唯一的選擇。所以，隨著企業的成長，領導者可以從貴「利」型轉變為貴「義」型，再轉變為貴「法」型。啊！那位領導者，可以如此不斷的調整他的價值觀呢？

松下幸之助可以說是一位很好的範例：

a.貴「利」型：武久逸郎事件

武久逸郎是松下的鄰居，原是位米店的老闆。後來，他想擴大營業，做批發，於是來找松下請教。幾次交談後，武久反而對松下的事業有了興趣，想進入電器這個行業。這時，松下正成立電熱部，於是就請武久出任電熱部經理。當時，電熱部推出「超級電熨斗」，月銷一萬只，在市場一枝獨秀。大家都以為電熱部一定很賺錢。然而，定期結算，卻發現虧損。松下檢討原因，可能是高估了武久的經營才能，於是，撤除武久的經理職務，改派他到營業部當職員，從基層做起。[6]

---

6 王志剛著，前引書，頁145-150。

　　從這個案例，可以看出松下是絕對不容許一個部門有虧損的情形。做不好，馬上調整職務，不會說為了情面，而不好意思開刀。松下，可說是一位標準的貴「利」型的領導者。

　　b.貴「義」型：中尾哲二郎事件

　　中尾哲二郎畢業於工業專科學校夜間部，喜歡做複雜技術的工作。松下對中尾的人品與才能極為欣賞。有一天，中尾跟松下說，他的少東家打算重新開業，要他回去幫忙。松下雖然捨不得放中尾走，但中尾是為報主人的舊恩，這是一種極為高尚的行為，值得為他慶賀才對。因此，松下非但沒有挽留，反而為中尾開了盛大的歡送會。

　　中尾在少東家的工廠雖然十分賣力，可是，工廠並沒有好轉的跡象，而且，中尾一身的技術也無從發揮。這時，松下電器東京聯絡處主任宮本先生想出了一個一石三鳥的計策，就是把分散在大阪採購的鐵器零配件，全部包給中尾少東家的工廠做。如此，中尾少東家的工廠有穩定的訂單，工廠就會逐漸步入正軌，少東家能經營好這家工廠，就可請中尾君回松下企業，如此，則可皆大歡喜。松下聽了宮本的建議，與中尾及中尾的少東家協商後，問題就圓滿解決了。中尾回到松下企業，擔任電熱部產品開發和生產的負責人，後來，晉升到松下電器的副總裁。[7]

　　松下對人才的去留，絕不強求，他重視的就是一個「義」字，他真是一位貴「義」型的領導者。

　　c.貴「法」型：井植歲男事件

---

7 王志剛著，前引書，頁132-140。

為了開發東京的市場，松下派內弟井植歲男到東京，成立聯絡處。為了省錢，歲男就寄住在早稻田大學旁的學生宿舍。夏天來臨，蚊子越來越多，歲男先斬後奏，花三日元買了一件麻質蚊帳。爾後，在給姐夫松下的信中匯報。松下見信，大吃一驚：真是膽大妄為，奢侈至極！他馬上回信，嚴厲批評。這件事給松下的觸動很大，他想：一個人駐外，就弄出這樣的亂子。若以後，更多的人駐外，豈不更亂了！必須有一個統一的約束才好。

管理制度化——這是松下終身都在探索與完善的課題。[8]

作為日本的經營之神，松下若不貴「法」，不要說「天將」，可能連「天兵」都做不到呢！

（三）法家經營策略對現代管理的涵義

法家的四位大師中，因慎到與申不害兩位目前存留的史料中，未發現與經營策略有關的訊息，僅就商鞅與韓非的部分做一討論。

1.重農重戰策略

商鞅與韓非均強調重農重戰的治國策略。由於戰國時代，還是農業社會，因此，欲國家富強，唯有重視農業，讓人民努力從事農耕，以求豐衣足食，而國家也得以有充足的稅收。當

---

8 王志剛著，前引書，頁97。

然，還是要有一些配套的措施，如：抑制工商業，不准商人買進糧食，加重關市的稅賦、禁止官員、游學之士發表污染農民的言論等，使得農民成為最賺錢的行業。當時，秦國是採用「兵農合一」的政策，人民平時從事農耕，到了戰時，搖身一變，就成為英勇的戰士了。由於商鞅實施重刑重賞的策略，所以，大家都奮勇殺敵，希望可以得到獎賞。使得秦軍的戰力提升，威震六國。

戰後的日本與現今的韓國，政府對產業的發展均負起相當的指導作用，使得兩國的經濟發展有了傲人的成就。台灣過去經由政府的政策指導，晶圓代工業有了相當的進展，台積電、聯電也有令人刮目相看的表現。未來，台灣的產業要何去何從？如何提升競爭力？是相當重大的考驗。

2.重刑重賞策略

商鞅與韓非也都強調重刑重賞的經營策略。「重刑」可以達到嚇阻的效果，使百姓不敢以身試法；而「重賞」則可激勵士氣，振奮民心。從現代企業的角度來看，除非犯法，可移送法辦外，最重的處罰就是開除了。較輕的如：降級、減薪、記過等行政處分。而從行為科學的觀點來看，處罰已不是管理者所樂用的手段，獎勵成了當紅的激勵方法。尤其是科技產業，由於員工素質較高、工作壓力也比較大、工作時間也較長。所以，科技公司如：晶圓代工、封裝、測試等公司，均提供相當優渥的獎勵辦法，如：員工分紅等，造就了許多「科技新貴」。

許多行業的業務部門，也採用高獎金的制度，鼓勵業務人員創造高業績，以獲取高額獎金。

　　有些公司為了營造和諧氣氛，激發團隊精神，採用「團體獎金」制度，即獎勵的重點，在團隊的整體業績，而不是個人的業績。

　　重賞之下，必有勇夫。如何運用獎勵辦法來激勵員工，是管理者應認真思考的課題。

3.輕罪重罰策略

　　商鞅與韓非均主張輕罪重罰，按照比例原則，輕罪僅應輕罰，但是「輕罰」可能不痛不癢，無法達到警惕的效果，因此，商鞅與韓非乃主張輕罪重罰。

　　「輕罪重罰」不是不可以，但一定要謹守「不溯既往」的原則，也就是在法令公布實施後，才可以據以處罰，否則，會讓人有不平之鳴。

　　松下幸之助治廠嚴明，各項要求非常嚴格，松下自己本身也遵守奉行，所以，員工均無怨言。[9]

4.信賞必罰策略

　　商鞅與韓非均強調信賞必罰。商鞅為了取信於民，在變法之前，在都城的南門放了一根木頭，告示眾人，將此木頭搬至北門者賞黃金十斤，結果，沒有人搬。商鞅又加碼至五十斤，果然，有個人就把那個木頭搬到北門，商鞅馬上就給了那人五十斤的黃金。這下子，秦國的人民都知道新上任的左庶長商鞅，說得到、做得到。新法頒下來，大家都遵照新法來做，沒有人懷疑。

9　王志剛著，前引書，頁 250。

　　韓非舉衛嗣君的例子，也很令人震撼：衛嗣君竟然願意用「左氏邑」去和魏國交換一個逃到魏國的衛國囚犯。後來，魏國還是乖乖地把衛國的囚犯遣送回來。衛國的人民這下子還敢犯法嗎？連逃到國外，都會被抓回來呢！

　　曾參的例子，也很令人玩味。曾參的老婆帶兒子去市場買東西，兒子一直在吵，曾參的老婆就哄兒子說，不要吵，回家殺豬給你吃。兒子聽了很高興，就不吵了。從市場回家後，兒子吵著要吃豬肉，老婆和曾子說，我是跟兒子開玩笑的，幹嗎那麼認真？曾子說，小孩子不懂事，就看我們怎麼教他，怎麼可以教他言而無信呢？於是，曾參就把豬給殺了！

　　哈！哈！原來曾參只有殺豬，沒有殺人。殺豬可是件大事，曾參的老婆沒事玩這麼大，就說不要吵，我買糖果給你吃就好了嘛！何必呢！

　　「君無戲言」，企業主當然要注意自己所說出的每一句話，員工可是記得非常清楚，不能說說就算了。若得不到員工的信任，以後，想要員工賣命，那怎麼可能呢？

5.藏富於民策略

　　藏富於民策略引申到企業，就是將企業的盈餘以薪資、獎金與分紅等形式分配給員工，讓員工可以得到較多的收入，改善他們的生活。

　　松下企業是個範例，松下除了採用高薪資政策外，還幫助員工購買住宅，並建立養老金制度與死亡職工遺屬的撫恤制度，照顧員工無微不至。[10]松下幸之助真是個好老闆。

---

10 王志剛著，前引書，頁263-267。

（四）法家競爭策略對現代管理的涵義

前述法家的競爭策略，包括商鞅與韓非的競爭策略，其中，有很多都適用於企業，例如：商鞅的重農重戰策略與韓非的化敵為友策略等。（詳如表 13-1）

表 13-1　法家競爭策略是否適用於企業之檢討表

項　次	競爭策略	適用於企業	
		是	否
1	重農重戰	√	
2	敵國廢置：美人計		√
3	敵國廢置：欺敵		√
4	用　間	√	
5	欺　敵	√	
6	化敵為友	√	
7	伺機而動（一鳴驚人）	√	
8	一石二鳥	√	
9	自知之明	√	
10	螳螂捕蟬，黃雀在後	√	
11	鷸蚌相爭，漁翁得利	√	
12	欲取姑予	√	
13	聲東擊西	√	
14	將計就計	√	

項　次	競爭策略	適用於企業	
		是	否
15	殺雞儆猴（服眾小，以劫大）		√
16	槍口一致對外	√	
17	認賠止血	√	
18	二擇一	√	
19	乘勝追擊	√	
20	重戰策略：欲民善射之道	√	
21	確認誰是競爭對手	√	

　　商鞅的重農重戰策略引申到企業就是成本領導策略。在農業社會，就是要開墾荒地，增加耕作面積，讓農民可以豐衣足食，國家也可以有充裕的稅收。如此一來，就可以擁有競爭的優勢。對企業來說，也是要擴大產能，生產合理化，讓生產成本降低，以取得競爭優勢。當年，台塑建廠時， PVC 的年產量只有四萬公噸，很難與國外大廠競爭，台塑只有不斷擴充產能，降低成本，才慢慢穩固本地市場，進而拓展外銷，造就成今日的台灣塑膠王國。

　　接著談韓非的競爭策略對現代管理的涵義。《韓非子》書中，藉著許多故事來闡述競爭策略，其主體是當時的各諸侯國，若用之於現代企業，可能部分有扞格之處，如上（表 13-1）之第二、三與十五等三個競爭策略，說明如下：

　　第二個競爭策略：敵國廢置：美人計。現代企業不太可能運用美人計來影響競爭對手的人事決策。不過，也有可能用美人計來整垮競爭對手優秀的高級主管，以降低競爭對手的經營實力與威脅。

　　第三個競爭策略：敵國廢置：欺敵。現代企業也很難用欺敵戰略來影響競爭對手的人事決策。

　　第十五個競爭策略：殺雞警猴（服眾小，以劫大）策略。此策略恐怕也很難在現代商場中現身，若把那些小廠商當作「雞」，又要如何「殺」呢？是用低價策略，把他們三振出局嗎？

　　接著談韓非所舉出的二十個競爭策略中可適用於企業者，茲以第四、五、六、十七與二十等為例，說明如下：

　　第四個競爭策略為：用間策略。「商業間諜」時有耳聞，最近爆發的宏達電高階技術主管離職，可能會攜帶精密技術資料投奔大陸競爭對手公司。宏達電已準備提出法律訴訟。不知此高階技術主管何時與大陸之競爭對手公司搭上線，若早有期約行為，則就可能成為商業間諜之案例了。

　　第五個競爭策略為：欺敵策略。前述松下幸之助與島田的例子，松下用「灌迷湯」的策略，蠱惑島田放棄「多角化」策略，不致對松下構成競爭壓力，這也是「欺敵」策略的巧妙運用。

　　第六個策略為：化敵為友策略。如何「化敵為友」？購併是個好方法，乾脆把對方的股權買下來，成為「自己人」。策略聯盟也是個好辦法，只是，實際操作起來，就變成「聯合行為」了。前陣子，官司甫落幕的輸美面板廠商聯合壟斷案，友達光電三位高階主管被判重刑，企業界要引以為鑑。切莫以為在台灣可以為所欲為，到了美國還是我行我素，這下子，踢到鐵板了吧！

　　第十七個策略是：認賠止血策略。對許多進出股市的朋友來說，有一門必修課就是「認賠止血」。經營企業，也是一樣。

裕隆汽車是早年政府大力培植的民族工業之一，為了不負國家、社會的期望，裕隆開發新的車款，不遺餘力，「飛羚 101」是個里程碑。自己獨立完成的車身設計，還送到當時空軍的航空工業發展中心（現已改制為國營事業：漢翔公司）做風洞實驗，以改進風阻係數。可是，「飛羚 101」的銷售情況並不很理想，裕隆陷入連續虧損的低谷。少東嚴凱泰接手經營後，改弦更張，第一個重大變革就是「廠辦合一」，將新店總公司遷至三義廠區。另外，一個發展路線，就是配合日本 Nissan 母廠，裝配、銷售母廠所設計、銷售的車款，不要再花高成本來自行設計了。這個務實的策略，讓裕隆轉虧為盈，再加上進軍大陸，趕上了大陸這波汽車需求急速上升的熱潮，裕隆可是揚眉吐氣，為國爭光了。

　　第二十個競爭策略是重戰策略：欲民善射之道。前述李悝擔任魏國西河守，為了讓人民習射，以禦強秦。於是，想出一個點子：就是下令，若人民訴訟案件，如果，不是很明顯的可以確定誰對誰錯的話，就用比賽射箭來定輸贏。百姓看到這個告示，就日夜不休，勤練射箭，一個個都成了神射手。後來，秦兵來犯，魏人發揮神準無比的箭法，將秦兵全部殲滅。

　　有家日商：三浦鍋爐公司為了讓負責組裝、維修的員工能夠精研相關技術，特訂立獎勵辦法：如考取相關丙級技術士證照者，加薪一千五百元，考取相關乙級技術士證照者加薪三千元。如此，可鼓勵員工培養本職學能，以提供客戶最優之服務。

（五）法家規劃思想對現代管理的涵義

　　法家的四位大師，除了慎到因現存文獻無法找到相關的論述，其餘三位對「規劃」功能均有相當的見地，值得我們學習、參考。

　　申不害認為進行規劃時，要高瞻遠矚，對整個局勢要有透徹的了解，才能制定出最有利的策略。

　　申不害說：「三寸之篋運而天下定」，較之司馬遷的「運籌策帷幄之中，決勝千里之外」猶略勝一籌。

　　要想打勝仗，要想平定天下，都要經過縝密的規劃過程，制定出最佳的策略，才能竟其功。

　　企業要生存、發展，也要注意環境變化的趨勢，了解競爭態勢的發展。像前述日本八百半蔬果供應店的和田一夫，深知國際性的連鎖店隨時會入侵他的勢力範圍，與其坐以待斃，不如及早衝出重圍，到世界各地去發展，實行「多國化」策略，在巴西、新加坡等海外市場建立厚實的基礎，才不至於被強敵打敗。

　　商鞅認為唯有大智慧的人，可以洞燭機先，他的想法，並非一般人能接受。商鞅在秦國進行變法，受到許多人的反對。但獲得秦孝公的大力支持，終於，變法成功，讓秦國成為當時的第一強國，奠定日後統一中國的基礎。

　　前面曾舉出日本新力公司兩位創辦人之一的盛田昭夫的例子，雖然，大家都不看好沒有錄音功能的「隨身聽」，但盛田還

是執意進行本方案。果然，上市後，佳評如潮，暢銷全世界，「隨身聽」成為新力公司的經典之作。

後來，蘋果的前執行長賈伯斯以領先的技術與特殊的設計風格推出了一系列的產品，如 iPod、iPad，尤以 iPhone 引領時代潮流，成為全球最夯的商品。賈伯斯雖英年早逝，但已成為不朽的傳奇人物。

因此，不論是經營策略、競爭策略或產品策略，均須在規劃階段，不斷的以創新的思維，堅定不拔的毅力，破除一切障礙，凝聚大家的力量，才能有石破天驚之舉。

韓非在規劃方面的思想，某些與商鞅相同，如：韓非也強調做規劃要高瞻遠矚，洞燭機先。韓非舉荊吳之戰為例，明明吳軍乘雨停了，天氣好轉，主動發起攻勢，但被荊國的左史倚相料中，荊兵乃佈陣以待，吳兵見荊國已有防備，乃退兵而回。左史倚相心想，吳兵往返六十里，回到吳營一定都累了，肚子也餓了，應該會準備升火煮飯，而沒有防備。這時，荊國發動攻擊，應可讓吳兵措手不及。乃請子期下令攻擊，果然，打敗吳兵。

左史倚相還真是神機妙算，假如沒有他，荊國早就被吳兵夜襲，穩吃敗仗了。

不過，韓非有些關於規劃的思想與商鞅正好相反。商鞅主張規劃要由有大智慧的人來主導，不必顧慮一般人的想法。韓非則主張，規劃要集結眾人的智慧，透過辯論的程序，才能找到最佳的決策。不能只聽一個人的聲音，韓非舉魯哀公的例子，由於他寵幸季孫，以致季孫大權在握，大家都要看季孫的臉色，不敢發表與季孫不同的言論。所以，魯國就越來越亂了。

韓非的想法與近代管理學者所主張的參與式管理相同。沒想到，在專制的年代，韓非竟然還有如此先進的思想。

（六）法家組織思想對現代管理的涵義

1.慎到組織思想對現代管理的涵義

慎到主張專業分工，慎到說：古者工不兼事，士不兼官。這種說法，與費堯相同。費堯提出的十二個管理原則中有一個也是專業分工，可知英雄所見略同。

雖然，近代企業組織為了不讓員工感覺工作單調乏味，而興起工作豐富化的作法，讓員工可以從工作中得到滿足感與成就感。這是在工作效率與員工心理感受之間的一種折衝平衡，也沒有什麼誰對誰錯的問題。只是對照一些「血汗工廠」，就讓人於心不忍了。

2.申不害組織思想對現代管理的涵義

申不害強調層層節制，不要越權。申不害說：治不踰官，雖知不言。為了維護各級主管職權的完整性，不要越權，以免對各級主管的權威造成傷害。在前面所列舉的陸軍官校入伍生團所發生的個案中，營長當著學生的面，怒斥連長。或許，校長或指揮官三令五申要求不得佔用入伍生的午休時間，但營長可以用比較婉轉的方式，告知連長，讓實習值星官早點解散隊伍。

按照申不害的說法，營長應在旁靜觀，待學生解散後，再把連長叫過去，狠狠地修理一頓。或者，也不用修理，就直接上報做行政處分，看是記「申誡」，還是記「過」。

前總統馬英九在處理「柯建銘關說案」，就顯得爆衝過了頭。前院長王金平涉嫌關說，就送交國民黨考紀委員會處理，何必大陣仗召開記者會，自己當打手，不知馬英九有沒有讀過申不害或韓非的書？「九月政爭」受傷害的不僅是馬英九和王金平兩位當事人，還有檢查總長與特偵組，連整個國民黨也賠了進去。還有因「政爭」而造成立法院議事的延宕，以及「太陽花事件」，對國家與企業所造成的傷害，還不知有多少。真是可悲呀！2016年總統大選及立委選舉，國民黨慘敗，就是報應。

有時候在想，經營企業有風險，隨時在考驗老闆承擔風險的能力。民主政治也有風險，若選出陳水扁、馬英九這類不適任的國家領導人，台灣有能力承擔這種風險嗎？

3.商鞅組織思想對現代管理的涵義

商鞅編組民戶，五戶為伍，十戶為什，實施「什伍連坐」。在當時，這是個創舉，也收到很好的效果，秦國的治安非常良好。時至今日，軍警單位仍在實施連坐，不過，已由橫向的連坐，改為縱向的連坐，也就是上級長官須為部屬的過錯負起連帶責任。

最近，酒駕肇事的案件層出不窮，有人建議，所有公務機關均仿照軍警單位實施連坐。不過，這僅能約束公務人員，對一般百姓則沒有作用。

今試擬「酒駕三順位」連坐法，即若酒測超標，同車者為第一順位連坐。若酒測超標者，獨自一人開車，第二順位則為同桌喝酒者。若酒測超標者係一個人獨自喝酒，則供酒者，如：吧台的服務生、酒吧為第三順位，須負起連坐的責任。

對企業來說，當然可以實施縱向的連坐，以課各級主管監督部屬的責任。

商鞅非常重視培養「樂戰」、「好戰」的組織文化。「民之見戰也，如惡狼之見肉。」、「民聞戰而相賀」，因此，秦軍之戰力無與倫比，所向披靡，連戰皆捷。

假如，一個企業的業務單位，每位業務員都和秦軍一樣，精神抖擻，鬥志高昂，其業績當可保持長紅。

日本經營之神松下幸之助，也善於培養企業文化，營造和諧的氣氛。松下說：「大家都推心置腹，坦誠相見，互相了解對方的長處和短處，懷著這樣的心情與周圍的人們相處，是合作共事順利前進的重要保證。」

每年，各地子公司經理到總公司匯報工作概況後，松下就會邀請經理們到家中，以家宴招待。在這種家庭氛圍中，松下與經理們的關係就不再是一般的上下級關係，而是「親朋好友」的關係。

上行下效。松下電器各部部長、子公司經理、工廠廠長以至班長、組長都以模仿松下「為人處事」方式為榮。一位部長說：「企業家必須右手掌握合理性，左手掌握人情味。」

九州松下公司下屬的佐賀工廠，最初全是年輕人，平均年齡職工十八、九歲，班長二十五歲，組長二十三至二十四歲，村井廠長最大，三十二歲。村井說：「工人的情緒對質量有明顯

的影響。改善人與人之間的關係是我們日常工作中很重要的一部分。為了做好這一工作，以組長為中心，加上班長，我們一起十來人，每隔幾天就組織一次家庭走訪，每次走訪三、五家。這成了我們的制度。」後來，佐賀工廠的突出表現，收到了最高當局的表彰。[11]

松下塑造了「公司是個友善和諧的大家庭」這種企業文化，使得松下企業成為日本上班族人人嚮往的一流公司。

4.韓非組織思想對現代管理的涵義

作為法家的集大成者，韓非的組織思想包含了慎到、申不害與商鞅三位的主張，如：層層節制、分工與培養組織文化等，此外，韓非也主張「指揮統一」原則。韓非舉了很多例子，說明若將國政交由二位大臣共同掌理，則會出大亂子，還是要遵循「指揮統一」的原則。這點與費堯的主張相同，費堯的十二個管理原則中，有一條正是「指揮統一」原則。

企業組織適用「指揮統一」原則，迨無疑義。台灣有許多中小企業，老闆娘相當能幹，公司大小事都由老闆娘張羅，老闆倒樂得輕鬆，好像也沒什麼不好。

（七）法家用人思想對現代管理的涵義

如前所述，儒家用人較重視品德，兵家要求才德兼備，法家的申不害、商鞅與韓非則均重視才能。

---

11 王志剛著，前引書，頁 260-262。

　　為何有這樣的差異呢？可能是環境的影響，早期儒家處於較為安定的春秋時代，而申不害等法家大師則生於烽火四起的戰國時代。身處亂世，想要有一番作為，勢必要起用一些有才幹的人，至於他的人品可能就不是那麼在意了。

　　引申到企業，在企業的草創期，可能也是要任用一些有才幹的人來開拓市場或開發新商品，待市場穩定後，對人才的要求可能就要才德兼備了。當然，經營企業不可能一路平順，若遭逢變局，可能又要進用有才幹的人來扭轉劣勢。企業營運起起伏伏，在每個不同的階段，可能要引進不同類型的人才。

　　韓非真不愧為法家的集大成者，韓非的用人思想也相當完備，除了上述的重視才能外，另有九項原則，分述如下：

　　1.不可結黨營私

　　2.盡人之智

　　3.努力羅致人才

　　4.外舉不避仇，內舉不避親

　　5.用人的用術之道

　　　(1)耳目之為用

　　　(2)有術以致人

　　6.不要以貌取人

　　7.信任部屬

　　8.尊重部屬

　　9 重視基層磨練

　　這九項原則均適用於企業，迨無疑義。茲以第 3 項：努力羅致人才為例，說明之。

　　企業主須努力招募企業所需的人才，方能讓企業茁壯、成長。

日本新力公司的創辦人盛田昭夫是個很好的範例：

　　盛田昭夫　v.s.　大賀典雄

　　日本新力董事長盛田昭夫欽點的繼任者大賀典雄是位音樂家。在大賀仍是東京藝術大學的學生時，經由鄰居的介紹，前往東京拜訪新力的二位創辦人之一——井深大。井深大當場向大賀展示新力最新的產品：G 型錄音機，大賀與新力就此結下了不解之緣。第二年，新力的業務代表倉橋正雄到東京藝術大學展示 G 型錄音機，隔週，大賀在學校教職員面前建議學校向教育部申請購買 G 型錄音機的經費，理由是：舞者靠鏡子改進舞姿，而錄音機就是音樂家的鏡子。這種說法獲得教職員的認可，並因此而取得教育部的經費。大賀當時雖然只是二年級學生，但卻被賦予監督錄音機採購的責任。大賀將一張規格修改單、草圖與電路圖交給新力的工程師樋口晃，並要求修改錄音機的穩定馬達以減少雜音，以及更換麥克風與輸入接線。樋口晃說：「我知道他是對的，身為工程師的我很想做這些改變，因為這樣的確可以改善錄音機。」當樋口晃將大賀的設計說明書拿給井深與盛田看時，他們十分驚訝大賀對電子技術的了解程度。

　　不久後，大賀成為新力的常客。他常受邀參加技術會議，而且他對錄音機的瞭解令每個人都佩服不已。最後，井深指示產品原型必須先經過大賀的檢視，才可以開始生產。但大賀對產品的要求很高，並一再表示新力的錄音機仍對音樂家沒有任何用處。井深與盛田對一名大學音樂系學生的批評十分容忍，

因此，大賀說：「他們對我一視同仁，一般的日本主管不可能會這樣做。」

　　大賀在一九五三年畢業時，新力為他在御殿山的公司舉辦派對。在打開一桶盛田清酒慶祝大賀順利畢業後，盛田將大賀叫到一旁，並邀請他「非正式地」加入新力。他提議付給大賀每個月三千日圓的薪水，條件是大賀必須與新力保持聯繫，並繼續分享他對未來技術的想法，但大賀表示他決心成為一位獨唱家，所以不想當生意人，但盛田堅持要他接受這個協議，大賀則表示會考慮他的提議。

　　以日本的傳統商業標準來看，盛田的提議簡直是不可思議，而且大賀的薪水對剛起步的新力而言也是一項負擔，但盛田知道新力必須留住有才華的大賀。

　　一九五四年六月大賀搭船赴德國慕尼黑進修。船到印度孟買時，他接到盛田的信，盛田告訴他次子昌夫出生的消息。從那時起，大賀每到一個港口就會收到一封盛田的信件。盛田在繁忙的工作中找時間寫信給大賀的舉動，進一步證明他對大賀的重視。

　　大賀在德國留學三年，其費用由家人支付，但新力經由三井銀行協助他兌換外匯，並繼續將月薪存到他在三井銀行的帳戶內。大賀則是將德國錄音機工業的最新發展報告寄給新力，並敦促新力的工程師加快腳步，發展與德國 BASF 公司一樣的醋酸鹽錄音帶，以提升錄音品質。

　　盛田每週寫一封信給大賀，並寄給他新力製造的 TR-55 收音機。大賀對此新產品感到十分興奮，並立刻拿給德國的友人看。

　　大賀在一九五七年底返回日本後，與 Midori Matsubara 結婚，並加入歌劇團。這對夫妻原本以當音樂家為終生職志，但盛田不斷催促大賀每週到新力工作一天。

　　一九五八年，盛田為了在歐洲建立銷售網，於是請大賀調查歐洲市場，並與他商討對策。經過一個月的旅行後，大賀在倫敦與盛田會合，然後經由紐約返回日本。盛田以為他們將搭乘飛機，但大賀安排搭美國船橫渡大西洋。大西洋之旅使盛田和大賀在一起四天，除了吃飯、睡覺、聊天外什麼都不做。大賀表示大部分都是他在說話，他主張以產品企劃和較時髦的產品設計與行銷，使新力變得現代化。當他們抵達紐約時，盛田更加確定，新力需要大賀，並再度極力遊說大賀加入新力。大賀又堅持了半年，並繼續領薪水，直到盛田邀請大賀及其太太到家裡吃晚餐。大賀的妻子 Midori 是盛田太太良子的學妹，而且很尊敬良子。此外，盛田建議大賀「腳踏兩條船」，也就是一邊當音樂家，一邊為新力工作。大賀說，盛田向他保證，如果他為新力工作的話，終有一天會成為新力的總經理。

　　一九五九年四月，大賀正式成為新力的中級主管，也就是「部長」，而一般人必須做二十年才能成為部長。身為第二生產部門主管的他，負責廣播設備的生產與銷售，並領導三百名員工。大賀在白天忙於新力的工作，到了晚上則成為歌唱家，但他後來不得不放棄這種雙重生活，因為有一次當他參加《費加洛婚禮》的演出時，中途因白天的工作過於疲勞而在後台打盹。當他聽到輪到他出場的音樂而醒來時，他發現自己站錯舞台位置，並在別無選擇的情況下，從錯誤的方向走向舞台，使站在台上的演員不知所措。他在當晚便決定放棄音樂事業。當被問

及為何選擇新力而放棄音樂時，大賀表示這是因為他要對他的員工負責，當時掌管整個錄音機部門的大賀掌管一千多名員工。[12]

　　大賀典雄加入新力的故事，還真是曲折離奇，從大一開始接觸新力，拜訪新力的兩位創辦人之一的井深大，結下了不解之緣，到放棄歌唱事業，全職在新力上班，前後大約有十年的時間。這其間，盛田昭夫不知花了多少時間與心血，終於讓這位音樂天才變成經營天才。當大賀在一九八二年接任總經理時，新力的資本額為一百五十億美元，但當他在一九九五年將新力交給出井伸之管理時，新力的資本額已成長至四百五十億美元。[13]

（八）法家領導統御思想對現代管理的涵義

　　法家的領導統御思想非常豐富，尤其是韓非。有一篇碩士論文是寫韓非的激勵思想，[14]　我很納悶，為什麼不寫韓非的領導統御思想，因為韓非的領導統御思想最少比他的激勵思想多十倍以上，此篇論文的撰者是對「激勵」這主題比較有興趣？還是柿子挑軟的吃？

1.慎到領導統御思想對現代管理的涵義

---

12 約翰・納森著，高煥麗譯，前引書，頁 159-166。
13 同前註，頁 162。
14 陳惠華撰，雷飛龍教授指導，〈韓非激勵管理思想之研究〉，政治大學公共行政研究所碩士論文，民國 70 年 6 月。

　　慎到是從君王的角度談「勢」，對企業來說，有些大老闆，其權勢不亞於一國之君。像王永慶就是台塑企業王國的國王，而且賈伯斯在蘋果電腦則是個暴君呢！[15]

　　對中小企業來說，尤其是在創業階段，老闆可是要身先士卒，像松下幸之助，他就是帶著小舅子等三、四位員工，從早做到晚，一刻不得閒。沒有「威」，也沒有「勢」。

　　且看松下的領導統御之道：松下說：

　　當員工一百人時，我必須站在員工的最前面，身先士卒，發號施令；當員工增至一千人時，我必須站在員工的中間，懇求員工鼎力相助；當員工達到一萬人時，我只有站在員工的後面，心存感激即可；如果員工增到五萬到十萬時，除了心存感激還不夠，必須雙手合十，以拜佛的虔誠之心來領導他們。[16]

　　松下論領導統御，不談「權」，也不談「勢」，只有「心存感激」和「虔誠之心」。松下在他的真真庵有供養一位老和尚加藤大觀師父，[17]　或許，受到他的影響，松下的領導風格與一般的大老闆可是大大的不同。

2.申不害領導統御思想對現代管理的涵義

　　申不害「用術」的觀點，可分為「積極」與「消極」兩方面。既然是「用」術，當然，有其「積極」的一面。只是《申子》現存的資料中，並未發現，只能從《韓非子》中找到一些

15　華特・艾薩克森（Walter Isaacson）原著，廖月娟等譯，《賈伯斯傳》，〈台北：天下遠見出版公司，2011 年〉，頁 180-188。
16　王志剛著，前引書，頁 385。
17　Rober Lo 著，《日本企業經營之神　松下幸之助》，〈台北：中經社文化有限公司，2006 年〉，頁 184。

蛛絲馬跡。而申不害「用術」消極的一面，又深受老子「無為」思想的影響。難怪司馬遷作《史記》，將老子、莊子、申不害與韓非四位放在一起作〈老子韓非列傳〉。

申不害認為部屬會密切的觀察主管的言行並揣摩主管的想法與心意。這種狀況，韓非舉了一個例子是蠻傳神的：一個獵人走進樹林，兩隻眼睛四處張望，找尋獵物。而樹林裡面，有好幾百隻小鳥，每隻小鳥也都睜大眼睛盯著獵人。[18]

韓非藉這個故事來警惕主管，你盯著部屬看，每一位部屬也都睜大著眼睛在看你，所以，要當心你的一言一行。

既然身處於部屬的密切觀察之中，申不害認為主管唯有「無為」才能規避部屬的算計。就好像楚莊王一樣，即位後，「三年不鳴」，誰也不知他心裡在想什麼？三年後，推動人事與內政的大改革，接著，對外發動了幾場戰爭，大獲全勝，成為春秋時代的「五霸」之一。

在職場中，搞小團體是很自然的，喜歡抽煙的，喜歡喝酒的，喜歡打麻將的，就會湊在一起，主管當然會成為大家積極拉攏的對象，若將主管變成「自己人」，那豈不是就有好日子過了。

因此，身為主管的人，是否應該隱藏自己的喜好呢？

3.商鞅領導統御思想對現代管理的涵義

商鞅採用「重戰」策略，因而強調「壹賞」。什麼是「壹賞」呢？商鞅說：「所謂壹賞者，利祿、官爵摶出於兵，無有異施也。

---

18 韓非原著，前引書，頁493。

夫固知愚、貴賤、勇怯、賢不肖，皆盡其胸臆之知，竭其股肱
之力，出死而為上用也。」[19]

　　上面重視作戰，獎賞均來自戰功，人民自當勇於作戰。對
企業來說，高層主管重視何種企業功能，自會影響員工的行為。
有些公司「業務」掛帥，業務人員的地位較高，薪資、獎金也
比較多。「蘋果」在賈伯斯中間離開的那幾年，只重獲利最大化
卻忽視了產品設計，產品設計人員紛紛離職，連設計部門的主
管強納森‧艾夫，也萌生去意。後來，他聽說賈伯斯可能會重
回「蘋果」，所以，才耐心等待賈伯斯的歸期。果然，傳聞成真，
一九九七年九月，賈伯斯重回「蘋果」。賈伯斯向大家宣告，我
們的目標不只是賺錢，還要做出最棒的產品。以這個理念為基
礎所產生的決策，與蘋果過去的模式天差地遠。賈伯斯與蘋果
設計團隊負責人強納森‧艾夫，被譽為「當代最偉大的工業設
計二人組」。[20]在賈伯斯與強納森‧艾夫的攜手合作下，蘋果推
出了 iPod、iPad、iPhone 等系列產品，引領世界潮流，獲得非
常可觀的成果。

4.韓非領導統御思想對現代管理的涵義

　　韓非真不愧為法家的集大成者，除了集大成外，韓非更將
各法家大師的思想進一步推展，在領導統御思想方面，他把慎
到的「任勢」與申不害的「用術」發揮的淋漓盡致，較之馬基
雅維里的《君王論》毫不遜色。

---

19 商鞅原著，前引書，頁 138。
20 華特‧艾薩克森（Walter Isaacson）原著，廖月娟等譯，《賈伯斯傳》，〈台北：
　　天下遠見出版公司，2011 年〉，頁 462。

　　茲將韓非有關領導統御的思想，整理出三類十五項管理原則，詳如下表 13-2。

表 13-2　韓非領導統御原則是否適用於企業之檢討表

	項次	領導統御原則	適用於企業	
			是	否
尚　法	1	盡之以法，質之以備，不赦死，不宥刑	√	
任　勢	2	大權不可旁落	√	
	3	慎防部屬勾結外國勢力	√	
	4	慎防部屬爭權	√	
	5	慎防后妃爭寵		√
	6	慎防子嗣爭奪大位	√	
	7	慎防人臣假人主之勢	√	
	8	大膽用勢	√	
用　術	9	不要被人蒙蔽	√	
	10	不要相信他人	√	
	11	不要顯露自己的缺點	√	
	12	明而嚴	√	
	13	有使人不得不為我之道，而不恃人之以愛為我也	√	
	14	不恃其不我叛也，恃吾不可叛也。不恃其不我欺也，恃吾不可欺也	√	
	15	有術而御之	√	

此十五項原則除第五項：「慎防后妃爭寵」外，均適用於現代企業（在小三、二奶橫行時，可能也適用）。

現以第十五項原則：「有術而御之」為例，說明如下：

「有術而御之」乃是要用正確、有效的方法來領導統御部屬，茲以潤泰企業集團總裁尹衍樑為例，說明之。

尹衍樑總裁 vs. 魏正元先生

魏正元先生乃政大企管研究所博士班畢業，原任教於中原大學企管系。後得知尹衍樑先生在北京大學成立光華管理學院，想去北大教書。因尹衍樑先生是政大企研所博士班的老學長，魏正元先生乃拜訪尹先生，毛遂自薦。在說明來意後，尹先生劈頭就問說：「你懂管理嗎？」魏先生愣了一下，不知如何回答，尹先生接著問：「你有實務經驗嗎？」魏先生坦白地說：「沒有！」尹先生就說：「那你要不要先歷練一下呢？」於是，魏先生就辭去教職，從大潤發的基層員工做起，先是負責處理魚貨，從殺魚、刮鱗、剖腹，清除內臟、清洗、到包裝。家人、親友都反對，但他還是十分低調、默默地學習，經過一段時間的磨練，終於成為大潤發的總經理。[21]

記得民國七十四年左右，我也碰過類似的狀況，那時，我三十歲出頭，在拿到企管碩士學位後，於空軍總部當了二年的參謀軍官，就被調到國防管理學院企管系擔任講師。有一天，在教授休息室，鄰座的一位兼任老師就問我：「你教哪方面的課程？」「企管方面的。」我回答。「有當過經理嗎？」「沒有！」

---

21 尹衍樑口述，張殿文著，《尹教授的 10 堂課》，〈台北：今周刊，2013 年〉，頁 140-145。

他接著說：「我覺得有實務經驗比較好！」我心想：當然嘍！不過，當過經理，又有碩士學位，不知要花多少錢，才請得到呢！

後來，和一位空軍官校的同學聊天，他比我晚兩年念企研所，有修吳靜吉老師的課，他說吳老師也碰過類似的狀況。吳老師是心理學博士，黃金單身漢，擔任婚姻輔導顧問多年，有一次，碰到一個案例，那位先生對他說：「你自己還沒結過婚，如何當婚姻輔導顧問呢？」吳老師回答說：「我已接手過上千個案例，還差我自己這一個嗎？」

因此，套用吳老師的話，魏先生和我大可回答說：「我研討過的管理個案超過五百個，不差我自己的這一個。」

然而，尹總裁用一個非常犀利的問題：「你懂管理嗎？」來讓魏先生領悟實務經驗的重要性，因此，魏先生甘願放棄教職，從基層做起。尹總裁還真是「御人有術」啊！

（九）法家激勵思想對現代管理的涵義

法家的四位大師在激勵方面的思想，除慎到外，其他三位大師的思想均與現代的激勵觀點不謀而合，尤其是商鞅，他的激勵思想涵蓋了激勵的四種觀點，對一位二千多年前的古人來說，真是太了不起了。法家四位大師的激勵思想對現代管理的涵義，分述如下：

1.慎到激勵思想對現代管理的涵義

慎到的激勵思想承襲了老子的思想，老子認為：「**民不畏死，奈何以死懼之？**」[22]老子為何有這種想法呢？老子是在警告當政者，不要為所欲為，讓百姓生活在煉獄之中，當人民忍無可忍的時候，就會群起反抗。

慎到說：「**故生不足以使之，利何足以動之；死不足以禁之，害何足以恐之。**」[23]　也是在警告當政者不要欺壓善良百姓，把人當驢子來耍。

時至今日，仍有許多在第三世界，比較落後地區的工廠，採用軍事化管理，給員工非常不人道的待遇，形成所謂的「血汗工廠」。鴻海集團在大陸深圳的富士康工廠，在員工連續「十二跳」之後（「跳」乃跳樓自殺），郭台銘董事長見事態嚴重，乃採取了一系列的改善措施，包括：大幅度調薪，聘請心理輔導人員對員工進行心理輔導等。郭董的強勢領導風格收斂不少。

2.申不害激勵思想對現代管理的涵義

申不害說：「**法者，見功而與貴，因能而授官。**」[24]他將爵位與官職分離，有功者進爵，有能者加官。「加官」與「進爵」是兩碼子事。

申不害的這個觀點，影響了韓非，韓非批評商鞅的獎勵辦法不當，正是基於這個觀點。

商鞅的獎勵辦法，如下：

---

22 《老子‧第七十四章》，見老子原著，余培林注譯，《新譯老子讀本》，〈台北：三民書局，2004年〉，頁149。
23 慎到原著，前引書，頁10。
24 申不害原著，前引書，頁1。

能得甲首一者，賞爵一級，益田一頃，益宅九畝，一除庶子一人，乃得入兵官之吏。[25]

商鞅為了激勵士氣，所以，訂下了重賞的辦法，能在戰場殺死一個敵人，就可以得到如此多的獎賞，包括：爵位一級，田一頃，宅九畝，一位僕人，還可當官。

韓非認為：商鞅以官職獎勵有戰功的人不妥。[26] 韓非認為，做官須有智能，而在戰場立下斬首之功，靠的是勇力，有勇力者，未必有智能，所以，以官職獎勵有斬首之功的人，未必恰當。

日本經營之神松下幸之助，也有類似的看法，他認為：對有功的人，應該頒發獎金，而不是晉升。除非，這位有功的人又是有才華的人。[27]

3.商鞅激勵思想對現代管理的涵義

如前所述，商鞅採用「重戰」、「重賞」的策略，培養出「樂戰」、「好戰」的社會文化，來激勵人民，勇於作戰。

既是一種「社會文化」，當然，也就不僅和「戰士」本身有關，也和他的家人、鄰居有關，在家人與鄰居的鼓勵下，這些「戰士」會更加努力，以不負大家的期望。

這種激勵方法，符合上述激勵的社會觀點，是一種非常有效的激勵方法。

松下幸之助也深諳此道，因此，他會以家宴來招待每年到總公司開會的各地區經理，讓上下級的關係之外，更多了一層

---

25 商鞅原著，前引書，頁 165。

26 韓非原著，前引書，頁 637。

27 王志剛著，前引書，頁 156。

朋友的關係，拉近了彼此間的距離。[28]　當這些經理回到自己的分公司，向眾人說起在真真庵用餐的狀況，又不知羨煞了多少人。

松下藉此傳遞一個訊息：只要你努力，當上了分公司的經理，就可以成為我的座上賓。

4.韓非激勵思想對現代管理的涵義

韓非激勵思想中與激勵的社會觀點有關者，是以三則故事表現出來。第一則故事是說越王勾踐藉著向生氣的青蛙敬禮，來激勵越國的百姓，學習青蛙的勇氣，不畏強敵。這個動作的激勵效果不錯，接下來的一年之中，有十幾位越國的勇士自刎，將頭顱獻給越王勾踐。[29]　越王見民氣可用，遂發動戰爭，攻打吳王夫差，終於打敗吳國，報仇雪恨。

勾踐向青蛙敬禮，不知是否真有此事，但勾踐臥薪嘗膽，報仇的決心非常堅定，十年生聚，十年教訓，藉著那隻青蛙，鼓舞民心士氣，終於打敗吳王夫差。

現代企業不知是否需要藉助一些神話故事來達到激勵的效果？或許，五天四夜的海外旅遊就讓員工，尤其是年輕人，樂不可支了。只是不知這種激勵效果可以持續多久？

韓非講的第二個故事，也發人深省。故事是說：孟獻伯升官成為上卿，叔向去他家道賀。只見家門口有一輛日常乘坐的車子，馬也沒有餵食飼料。叔向就問獻伯說：「你怎麼沒有兩匹馬、兩輛車呢？」獻伯說：「我看到很多國人還有飢餓的臉色，

---

28 王志剛著，前引書，頁261。
29 韓非原著，前引書，頁339。

所以不用穀物去餵馬；頭髮花白的老人大多步行，所以，我不設置兩輛座車。」叔向說：「我原來是要道賀你被拜為上卿，現在要道賀你的節儉。」叔向回去後，碰到苗賁皇，就把剛才的狀況告訴他，並要他也向獻伯道賀他的節儉。苗賁皇說：「這有什麼好道賀的呢？官爵、俸祿、旌旗和車輛是國家用來分別官吏功勞的大小和才能的高下的，所以，晉國的法制：上大夫兩輛座車、兩輛兵車；中大夫兩輛座車、一輛兵車；下大夫只有一輛兵車，這是表明官吏的等級的。而且卿大夫要主持軍事，所以修治馬車，校閱軍隊，以備軍事的需要，有變亂則憑以防備意外，平常則可戍衛朝廷。現在獻伯破壞晉國的法制，忽略意外的防備，以成就個人的節儉，建立個人的美名，獻伯的節儉可以嗎？又有什麼值得道賀的呢？」[30]

叔向看事情，只看表象，而沒有深究底層的道理。在上位的人，就是要有和別人不一樣的待遇，才能和別人有所區別。否則，如何激勵大家努力工作，以求有優異的表現，來爭取升遷呢？

許多大公司會以高薪、寬敞華麗的辦公室、高級座車等來禮遇高階主管，讓所有部屬都心嚮往之，而興「大丈夫亦若是！」之嘆。

韓非講的第三個故事，是談到管仲經鮑叔牙大力推薦，齊桓公拜他為上卿。管仲家貧，在封建社會，雖貴為上卿，但豪門貴族怎麼會把他放在眼裡呢？他講的話，誰又會理睬呢？所以，他大膽的向齊桓公告白：「我很窮，窮人如何使喚有錢人

---

30 韓非原著，前引書，頁 466。

呢？」齊桓公馬上就賞給他齊國三年的市租，讓管仲也成為有錢的大戶人家。」

時至今日，只有職棒球星有高額的「簽約金」，企業的高階主管只有年終獎金與退職金，倒沒聽過有「簽約金」的例子。管仲可算是第一位領取「簽約金」的政治明星，為此，孔老夫子還批評管仲「泰侈偪上」[31]不知是羨慕還是嫉妒？

（十）法家控制思想對現代管理的涵義

前曾提及，慎到與申不害兩位法家大師，由於現存文獻資料中未發現與控制思想有關者，故他們兩位暫且略過不表。先談商鞅的部分。

1.商鞅控制思想對現代管理的涵義

商鞅採用「什伍連坐」以控制人民的行為，在商鞅過世後，「連坐法」依舊照常實施，但隨著秦朝的滅亡，「連坐法」也走入歷史。雖然如此，目前軍警單位仍在實施「連坐法」，只是，不再是橫向的連坐，而是縱向的連坐。即部屬犯錯，負監督之責的主管要負起連帶責任，以警惕各級主管要重視教育、訓練，並隨時掌握部屬，以防止違法亂紀的情事發生。

企業組織似可跟進採用連坐法，以課各級主管監督之責，至於連坐一級，還是二級，甚至更多，應考量各單位之狀況，妥善為之。

---

31 韓非原著，前引書，頁468。

　　最近，政府主管單位，發現酒後駕車造成的車禍傷亡情況，並未因警方加強臨檢而有所改善，於是研議「連坐」的可能性。即如發現有酒後駕車的情形，除駕駛外，其他同車人員也要連帶受罰。如此，可以督促同車人員及早制止酒後駕車的情事，以確保行車安全。

　　也有人建議：所有公務機關均仿效軍警單位實行酒駕「連坐」，但公務員採上下班制，下了班，主管實難管控，要主管連帶受罰，有點不合情理。

　　連坐法也被建議用於懲處運動員的違法使用禁藥上。

　　研究發現：運動員使用禁藥的利得太大，而被抓到的機會很小，所以，很多運動員就會抱著僥倖的心理使用禁藥。為了杜絕這種現象，研究人員除了建議重罰這些運動員之外，也建議取消該運動員所屬團體的其他運動員的參賽資格。[32]如此，可以強化團體對所屬運動員的監督、管理，也可以減少隊員間的「兄弟會」情結，而知情不報，以降低使用禁藥情事的發生率。

　　商鞅地下有知，一定會笑著摸摸鬍子說：「嗯！很好！很好！」

2.韓非控制思想對現代管理的涵義

　　韓非的控制思想可歸納為十項管理原則，均適用於企業組織，詳如下表 13-3。

---

32 薛莫撰，鍾樹人譯，〈運動心理學，禁藥與金牌〉，《科學人月刊》2008 年 8 月號，頁 112。

項次	管理原則（控制功能）	適用於企業	
		是	否
一	不可訂立難以達成的標準，並以此懲罰達不到標準的人。	✓	
二	明主觀人，不使人以難。	✓	
三	匿罪之罰重，而告姦之賞厚。	✓	
四	循名實而定是非，因參驗而審言辭。	✓	
五	夫無術以度其臣者，必以眾人之口斷之，眾之所譽，從而說之；眾之所非，從而憎之。	✓	
六	好惡在所見，臣下之飾姦物以愚其君必也。	✓	
七	明主，其務在周密。是以喜見則德償，怒見則威分。故明主之言，隔塞而不通，周密而不見。	✓	
八	聽其言而求其當，任其身而責其功。	✓	
九	任事者智不足以治職，則放官收璽。	✓	
十	是故禁姦之法，太上禁其心，其次禁其言，其次禁其事。	✓	

表 13-3　韓非有關控制功能之管理原則是否適用於企業之檢討表

　　茲舉第五與第九兩項管理原則為例，說明之。

　　第五項管理原則為：「夫無術以度其臣者，必以眾人之口斷之，眾之所譽，從而說之；眾之所非，從而憎之。」此原則說明：若領導者本身沒有適當的方法去評斷部屬的好壞，那麼就會以大家的評語為基準。若大家都說這個人很好，讚譽有加，領導者就會認為這個人很棒；若大家都說這個人不好，領導者也會跟著大家認為這個人不好。

　　這種做法對嗎？在前面談到「三人成虎」的例子中，龐恭因為要隨太子到趙國去做人質，在出發前，就和魏王說「三人成虎」的故事，請魏王留意，不要聽信他人的話，可是，龐恭返回魏國後，想晉見魏王，但是魏王懶得理他。[33] 龐恭這預防針打下去，並沒有什麼效果。

　　企業也是一樣，當企業規模成長後，小團體自然會應運而生，小團體的內聚力越強，排他性就越大，非我族類，就會受到打壓。這是人的天性，無法避免，企業領導者要有主見，不能耳根子太軟，尤其是當大家都這麼說的時候，可能組織已暗藏危機了。

　　第九項原則是：「任事者智不足以治職，則放官收璽。」若該員的才智不足以勝任該項職位，則將之免職。然而，「智不足以治職」，並沒有一個客觀的標準，對企業來說，部門的利潤率或投資報酬率常做為考核的標準，如：年營業額要達到某一數額，利潤率要幾趴以上。若達不到這個標準，主管可能就要換人做了。尤其是美國的企業，大都強調短期的績效，給主管的壓力非常大。

---

33 韓非原著，前引書，頁 324。

十四、結　論

　　法家四位大師在中國歷史上都是赫赫有名的大人物。慎到曾為齊國稷下學宮的老師，人稱「稷下先生」。申不害在戰國時代的韓國執政長達十五年，是傳統布袋戲中的厲害角色。商鞅則在秦國執政二十一年，「商鞅變法」已成金字招牌，給人無限的希望與未來。韓非則文才洋溢，秦始皇看到他的文章，就感嘆地說，假如可以和他見個面，聊聊天，就死而無憾了。

　　慎到是法家「任勢」派的始祖，「勢」可用於領導統御，是國君的法寶之一，這個議題應是「帝王學」的第一課。

　　申不害是法家「用術」派的創始人，「術」也可用於領導統御，它是「帝王學」的第二課，「術」與「勢」配合起來，就更好玩了。

　　商鞅尚「法」，「法」是法家的核心思想，是治國的基礎，也是任何一個組織運作的根本。「法」不是控制、箝制人民，而是導引，讓國家可以走向富國強兵的道路。若「法」、「勢」、「術」三者可以結合起來，那就更好玩了。

　　韓非就是這項使命的終結者，在《韓非子》書中，韓非將「法」、「勢」、「術」三者，巧妙地結合起來，可用於治國、領導統御等各方面。若韓非沒有被李斯害死於獄中，而出任秦國的丞相，秦朝就不會僅三世而亡，那整個中國的歷史就要改寫

了。可能中國至今還是由秦朝統治，秦始皇真的成為「始皇帝」呢！

慎到的「勢」，大家都知道，也運用的得心應手，「仗勢欺人」，大家都會。甚至連狗都運用自如，「狗眼看人低」，見到乞丐或販夫走卒，狗就會狂吠不已，真令人氣結，好想狠打牠一頓。

申不害的「術」就沒有幾個人懂了，像陳水扁、馬英九這一流的民選總統，就應該先給他們上這個「帝王學」，才不至於搞得身敗名裂，甚至身陷囹圄。

陳水扁出生「三級貧戶」，可能是窮怕了，就想藉機撈錢，吳淑珍成為他的「白手套」。「二次金改」，政府鼓勵金融業合併，以擴大經營規模，增強競爭力。這個政策立意良善，但實施起來，卻荒腔走板。官股銀行、票券公司到底要跟誰合併？這可是塊大肥肉，財團看準了這一點，大家都往總統官邸跑，只要買通夫人，這些官股銀行、票券公司就是你的。吳淑珍也獅子大開口，以「億」為單位，漫天喊價，財團則樂不可支，因為回收的利益是好幾十倍，甚至好幾百倍。

申不害不是早就告訴我們：「有欲，見人餌之」嗎？阿扁身陷囹圄，真是活該，自以為做得天衣無縫，「海角七億」曝光後，他這輩子就玩完了，甚至連整個民進黨都賠了進去，二〇〇八年總統大選，民進黨慘敗，就是報應。

阿扁沒有上過申不害的「帝王學」並不稀奇，馬英九也沒上過。

2005年，馬英九參選國民黨主席，王金平也跑出來競選，馬英九為了勝選，其競選文宣將王金平打成「黑金」，較之民進

黨的總統黨內提名初選，候選人彼此攻擊對方，「刀刀見骨」，還要可怕。

事隔多年，但大家都知道馬英九欲除王金平而後快。這次「特偵組」得知王金平涉入「柯建銘　關說案」，檢查總長立即進官邸向馬英九面報。

馬英九見獵心喜，立即大陣仗召開記者會，強力批王，欲開除王金平黨籍，拉王金平下馬。

馬英九也是「有欲，見人餌之」，「九月政爭」搞得台灣政壇天翻地覆，馬英九也嚐到當年阿扁被倒扁人士如影隨形的「倒扁」風潮的滋味：「丟鞋」風潮，讓馬英九尷尬不已。

初任公務員，在派職前，政府有為他們辦理講習，希望，他們能藉此習得為官之道。民選首長，尤其是總統，是不是也應為他們辦理職前教育，以免日後對國家造成無法彌補的傷害。這是民主政治的風險，台灣有能力承擔這種風險嗎？我很懷疑。

商鞅雖不是倡導「變法」的第一人，卻是在中國歷史上唯一變法成功的人。在他之前，有戰國時代初期李悝在魏國的變法，還有約和李悝同一時代的吳起在魏國西河的變法以及後來在楚國的變法。在商鞅之後，則有宋朝的王安石變法、清朝的百日維新。除了商鞅，其他都失敗了。

商鞅在秦孝公逝世後，雖被繼位的秦惠文王處死，但商鞅執政二十一年來所訂立的制度依舊繼續實行於秦國，並沒有因商鞅的死而人亡政息。

太史公司馬遷寫《史記》，有為商鞅作〈商君列傳〉，有人認為這是太史公對商鞅的肯定。[1]
在〈商君列傳〉中，有寫到商鞅變法成功之處，如：「行之十年，秦民大說，道不拾遺，山無盜賊，家給人足。民勇於公戰，怯於私鬥，鄉邑大治。」[2]

但太史公在最後的評論中，所說的都是商鞅的缺點，如：「商君，其天資刻薄人也。……余嘗讀商君〈開塞〉、〈耕戰〉書，與其人行事相類。」[3] 奇怪的是，筆者讀《商君書》，並沒有這種感覺，也許，正因如此，筆者才不能當太史公吧！
也許，受到太史公的影響，世人對商鞅的看法，也較偏向負面。無怪清末民初大儒章太炎說：「商鞅之中於纏誹也二千年！」[4]

商鞅雖是位政治家，但他有深厚的管理思想。他的經營理念，如：求新求變，不法古，不修今。至今仍惕勵我們，不要因循苟且，如此，才能讓組織可以接受環境中強大挑戰而屹立不搖。他的管理哲學，如：人性論、價值論等，可讓管理者了解部屬，也更了解自己。你篤信「性善論」嗎？還是「性惡論」呢？你和商鞅一樣是為「性惡論」的贊同者嗎？你是貴「利」型，還是貴「義」型或是貴「法」型的主管呢？你和商鞅是同一國的嗎？

---

1 司馬遷原著，王利器等譯注，《史記·列傳一》，〈台北：台灣古籍出版公司，2005 年〉，頁 211。
2 《史記·商君列傳第八》，見《史記·列傳一》，同上註，頁 221。
3 同上註，頁 234。
4 姜國柱著，《中國歷代思想史（壹）先秦卷》，〈台北：文津出版社，1993 年〉，頁 228。

商鞅採行「重刑重賞」的治國策略，但卻背負了法家「嚴而少恩」的罪名。其實，「嚴而少恩」應指那些主張「重刑輕賞」的後期法家，冤枉啊！大人！

在重賞的激勵下，秦國軍隊奮勇殺敵，打得敵軍落花流水，終於併吞六國，完成統一大業。

企業如何運用獎勵辦法，鼓勵員工為公司打拼，成為一個重要的課題。如：晉升、加薪、業績獎金、年終分紅、海外旅遊等，都是可行的辦法。

日商三浦鍋爐公司上海分公司經理在公司舉辦的研討會中宣佈：只要業績好，公司就會到你住家附近的城市設立支店，由你出任支店長。三浦已在大陸成立了六家分公司，為了搶攻大陸市場，祭出此招，肯定會收到很好的效果。

前面提到，商鞅運用塑造「組織文化」的方法，讓軍人的家屬鼓勵他們奮勇殺敵，有了戰功，才能回來。除了自己家人，街坊鄰居也都相互鼓勵，更增強了作戰的勇氣與決心。

若企業的管理當局也能仿效商鞅做到這一點，那可真是了不起。

前面提到松下幸之助塑造松下企業的組織文化：培養和諧的氣氛，讓公司像一個大家庭一樣。如此，松下員工精誠團結，成為松下企業成長的一大助力。

記得小時候，住在屏東的空軍眷村裡，若是那家的爸爸當選了「克難英雄」，大家就會買鞭炮給他慶祝一下，就好像過年一樣。

　　我想：這種鄰居對他的肯定較之上級長官頒發一枚勳章給他更有激勵的效果。這也是眷村可愛的地方，而商鞅在二千多年前，就看到了這一點，商鞅，也可算是「經營之神」了！

　　韓非也和商鞅一樣，強調「求新求變」的經營理念，他認為時代在變，環境在變，因此，典章制度也要適時修訂，才能引領國家走向富強的大道。

　　韓非提倡「人性自利論」，既是「自利」，在「零和賽局」的情況下，易淪為性惡論，若在「非零和賽局」的情況下，則可成為性善論。韓非也說明了一種現象，在豐年，富裕的時候，擺流水席宴請賓客，即使不熟的人，也熱情招待。若到了荒年，窮的時候，連自己的親弟弟，也不肯多給他一碗飯吃。這也說明了人可以共享樂，而不太能共患難。領導者應謹記於心，致力於創造「更大的餅」，來讓大家分享。

　　韓非和法家的其他三位大師一樣，也強調「法」是最高的價值。他舉了很多例子，如：秦昭襄王寧願讓飢民餓死，也不願違法開倉賑災；[5] 衛嗣君寧願以一個都邑（左氏邑）來和魏國交換一位衛國的逃犯[6]等。「法」的價值超過生命的價值，也超過領土（財富）的價值。衛嗣君的一段話尤發人深省：

　　「夫治無小而亂無大。法不立而誅不必，雖有十左氏無益也；法立而誅必，雖失十左氏，無害也。」[7]

　　魏王聽到這番話，被震懾住了，乖乖地把那位逃犯遣送回衛國。

---

5 韓非原著，前引書，頁525。
6 韓非原著，前引書，頁334。
7 韓非原著，前引書，頁334。

　　企業經營者應視「守法」為基本信條，公平交易法、食品衛生管理法、水污染防治法等法律規範企業對消費者與環境應有的作為，不得逾越。近來，大統長基公司以化工原料混充高級食用油，日月光公司偷排廢水，造成消費者與環境的重大傷害與污染，都會受到政府的制裁。企業高層應切記，若連最基本的「守法」都做不到，還談什麼社會責任呢！

　　韓非和商鞅都強調「重農」的治國策略，視商業為末流。當然，這有其時代的背景。時至今日，農業的產值已微不足道，但韓非這種「務本」的思想，仍值得我們三思。「君子務本，本立而道生」，企業在思考「多角化」經營時，對於「本業」是否能長保競爭的優勢？「多角化」是否能發揮「綜效」？本身的資源是否充裕？包括人力資源與資金，都要詳加考量，才不至於兩頭落空。

　　韓非的競爭策略，如敵國廢置、欺敵策略、用間與美人計等，均應可用於商場。本書前面提到松下幸之助蠱惑蛇目裁縫車社長島田放棄「多角化」策略，以免對他形成競爭壓力；HTC高階技術主管攜帶機密業務資料跳槽至大陸競爭對手公司。前者乃欺敵策略，後者可能就是商業間諜的案例。因此，商場如戰場，韓非的競爭策略當可適用於商戰。

　　商場中爾虞我詐，大玩既聯合又競爭的遊戲，看誰是最後的贏家。輸美面板大廠，如：三星、友達與奇美等，私下協議，拉抬面板售價，此聯合行為在美司法部門調查時，三星「窩裡反」，充當污點證人，以求降低罰款以及高階主管免遭判刑之苦。郭台銘董事長還為此大罵三星是「抓耙仔」，真叫人價值錯亂，是要挺消費者呢？還是搞民族主義？

　　從這個案例中，可以看出三星的策略非常靈活，佔盡了便宜；友達可是賠了夫人又折兵，除了被判鉅額罰款，三位高階主管又慘遭牢獄之災。而三星因市場佔有率最高，是此聯合行為的最大受益者；充當污點證人，罰款又是最低。正是：人家吃肉，我們只能撈點湯來喝，還被燙到嘴。友達、奇美要如何去和三星競爭呢？

　　韓非地下有知，也會為友達和奇美捏把冷汗吧！前面提到馬英九無「術」，而今企業界也無「謀」，台灣想要再創「經濟奇蹟」恐怕很難！

　　韓非與申不害、商鞅三位法家大師均強調規劃的功能，認為在進行規劃時，要高瞻遠矚，對整個局勢要有透徹的了解，才能訂立出克敵制勝，平定天下的策略。

　　企業經營也是一樣，也是要注意環境變化的趨勢以及競爭態勢的發展。新力公司掌握消費者的需求與偏好，致力開發新產品；八百半公司巧妙地閃避國際競爭對手，推動「多國化」策略，皆有效的達成預期的目標。

　　商鞅認為有大智慧的，其想法超乎凡人，一定會被人批評甚至撻伐。韓非則主張要集結眾人的智慧且經過辯論的程序，來得到最佳的結果。韓非在二千多年前，就有這種「參與式管理」的想法，真是難得。

　　韓非與申不害、商鞅二位法家大師一樣，都強調：用人唯才，與儒家的重視品德，大異其趣。想要打天下，想要有一番作為，一定要啟用一些有才幹的人，人品倒是其次了。而承平時期，就要講求才德兼備了。

　　理論上，企業隨時都在接受考驗與挑戰，需要晉用有才幹的人。但規模成長到某一程度之後，還是要講求才德兼備。

　　韓非結合商鞅的「法」、慎到的「勢」與申不害的「術」，運用在領導統御上，得到了非常大的成果。

　　有人說，老子主張清淨無為，是君王「南面之術」的首創者。[8]經過申不害與韓非的進一步推展後，更加具體與充實。在《韓非子》書中，談到：韓昭侯收藏舊褲以待有功的人，可看出經過申不害的調教，韓昭侯還真能掌握用「術」之道。

　　我們來看一看韓昭侯是如何看待他的一條舊褲子：

　　韓昭侯使人藏弊袴，侍者曰：「君亦不仁矣。弊袴不以賜左右而藏之。」昭侯曰：「非子之所知也。吾聞之，明主愛一嚬一笑，嚬有為嚬，而笑有為笑。今夫袴，豈特嚬笑哉！袴之與嚬笑，相去遠矣，吾必待有功者，故藏之未有予也。」[9]

　　豈止「一嚬一笑」，連「關愛的眼神」都會讓部屬受用不盡，何況是韓昭侯穿過的褲子呢！韓昭侯真的是用「術」的高手。

　　「術」不僅可用於領導統御，治理一個地區，甚至治理一個國家，也都需要它。

　　韓非舉了一個例子來說明：

　　宓子賤治單父，有若見之，曰：「子何臞也？」宓子曰：「君不知不齊不肖，使治單父，官事急，心憂之，故臞也（按：不齊為宓子的名）。」有若曰：「昔者舜鼓五絃，歌〈南風〉之詩，而天下治。今以單父之細也，治之而憂，治天下將奈何乎？故

8　楊先舉著，《老子管理學》，〈台北：遠流出版社，1996 年〉，頁 47。

9　韓非原著，前引書，頁 340。

有術而御之，身坐廟堂之上，有處女子之色，無害於治；無術而御之，身雖瘦癯，猶未有益。」[10]

舜鼓五絃，歌〈南風〉之詩，而天下治，真是輕鬆自在。假如，連治理一個小小的地方都忙得瘦了一圈，那如何治理天下呢？所以，能否掌握「用術」的要領，是非常關鍵的。

什麼是「術」呢？韓非將「術」分為二種：一是「暗術」，另一種則是「明術」。什麼是「暗術」呢？韓非說：「術者，藏之於胸中，以偶眾端，而潛御群臣者也。」[11]此「術」可名之曰：「領導統御之術」。什麼是「明術」呢？

韓非說：「術者，因任而授官，循名而責實，操殺生之柄，課群臣之能者也，此人主之所執也。」[12]此「術」可名之曰：「管理之術」。君王若能妥善運用這兩種「術」的話，就可以國泰民安，天下太平了。

細究韓非所說的「管理之術」，「因任而授官」，此為「用人」功能；「循名而責實」，此為「控制」功能；「操殺生之柄」，此乃國君要掌握獎懲的大權，此亦為「激勵」功能；「課群臣之能者也」，此亦為「控制」功能。

韓非的「管理之術」還有另一種說法：「故群臣陳其言，君以其言授其事，以其事責其功。功當其事，事當其言，則賞；功不當其事，事不當其言，則誅。」[13]

---

10 韓非原著，前引書，頁400。
11 同前註，頁603。
12 同前註，頁633。
13 同前註，頁36。

　　「群臣陳其言」，此為「規畫」功能；「君以其言授其事」，此為「用人」功能；「以其事責其功」，此為「控制」功能；「功當其事，事當其言，則賞；功不當其事，事不當其言，則誅。」此乃「激勵」功能與「控制」功能。

　　綜而言之，韓非的「管理之術」包括了規劃、用人、激勵與控制等管理功能。韓非在二千多年前，就能有這樣的見解與主張，韓非也稱得上是「管理大師」了。

　　總而言之，法家四位大師在經營理念、管理哲學、經營策略、競爭策略以及規劃、組織、用人、領導統御、激勵與控制等各項管理功能方面，均有相當的成就。如：慎到的「勢」與申不害的「術」運用在領導統御上；商鞅的強項則在求新求變的「經營理念」、主張「性惡論」而強化「控制」的制度，採行「重戰」、「重賞」策略而培養「樂戰」、「好戰」的社會文化。韓非則提倡「人性自利論」，讓我們對「人性」有多一份認識與了解。他重視「競爭策略」，讓我們習得商場中的生存之道。他用魚網來比喻一個組織，讓我們對「指揮」、「管制」、「通訊」、「情報」系統的建立，有了深一層的概念。他結合「法」、「勢」、「術」三者，對「領導統御」這個課題的見解，可說古今中外，無人能出其右。

　　因此，法家的四位大師，除了在政治方面有相當的成就外，在管理領域中，也可算是「大師」級的人物，稱他們四位是「管理大師」，也理所當然了！